AF525323

Stefanie Sargnagel

DICHT

Aufzeichnungen einer Tagediebin

Rowohlt Hundert Augen

7. Auflage September 2021
Originalausgabe
Veröffentlicht im Rowohlt Verlag, Hamburg,
November 2020

Interview auf den Seiten 9 und 10: Geführt von Florian Kölsch für «Kaput-Magazin für Insolvenz & Pop», 2017
Liedtext auf Seite 249 aus: Das Beste, Georg Kreisler
Text und Musik: Georg Kreisler, 1975
Foto auf S. 251 Copyright © privat
Satz aus der Henriette, InDesign
Gesamtherstellung CPI books GmbH, Leck, Germany
ISBN 978-3-498-06251-4

Die Rowohlt Verlage haben sich zu einer nachhaltigen Buchproduktion verpflichtet. Gemeinsam mit unseren Partnern und Lieferanten setzen wir uns für eine klimaneutrale Buchproduktion ein, die den Erwerb von Klimazertifikaten zur Kompensation des CO_2-Ausstoßes einschließt.
www.klimaneutralerverlag.de

DICHT

DICHT

Die Leut, die was draufhaben, geben so viel von sich her.
Da machen sie ein Buch und noch ein Buch und noch
ein Buch, oder eine CD und noch eine und noch eine, noch
eine, noch, noch und noch und noch und noch und noch
und nöcher
am Ende sind sie dann wohl Löcher.
Wollen die den andern beweisen, dass sie gern unsterblich
wären?
Wobei unsterblich sein, is ja schon cool.
Hey, hallo! Wir haben uns doch das letzte Mal vor
2000 Jahren gesehen ... Tschüs!
hahahaha.

Michael Stanger

Kein Prolog

Denkst du eigentlich, du wärest nun bereit dafür, ein Buch in einem längeren Fließtext zu schreiben?
Ich weiß nicht, das impliziert schon wieder, dass das das Endziel wäre. Ich würde fast lieber Richtung Kunstbuch gehen: mehr Zeichnungen, weniger ausgewählte Texte. Aber vielleicht arbeite ich auch noch meine Jugend auf. Ich habe einen alten Blog voller verrückter Jugendgeschichten. Den müsste man textlich aber noch stark bearbeiten für eine Buchform. Die Geschichten sind aber sehr abenteuerlich – mein Alltag zwischen 15 und 20 Jahren. Da habe ich viele arge Sachen erlebt.

Das könnte sicherlich auch als eine gute Einordnung für deine darauffolgenden Texte dienen.
Ja, aber es ist wirklich nicht so schön aufbereitet wie meine Statusse. Ich müsste schon daran herumfeilen und auch ein bisschen mit dem Verlag sprechen. Da würde ich mir zwei Jahre Zeit lassen. Es wäre aber schon gut, und ich fände es auch sehr spannend. Ich bin viel alleine

gereist, und es waren schon interessante Geschichten. Einmal hat mich ein Verrückter versucht umzubringen, wovon ich immer noch eine große Messernarbe auf der Hand habe.

Das hattest du mir schon einmal erzählt – arge Geschichte.
Mein Alltag jetzt ist halt sehr langweilig, da müssen jetzt die anarchischen Jugendjahre herhalten. Wo ich mich sehr wiedererkannt habe, ist das Comic «Heute ist der letzte Tag vom Rest deines Lebens» von Ulli Lust. Kennst du das?

Nein, noch nie gehört.
Das find ich ganz toll, und es beschreibt eine ähnliche abenteuerlustige Scheiß-drauf-Mentalität, die ich damals auch hatte. Mit der man einfach in die ärgsten Situationen gerät, weil man jung und neugierig ist.

Der spaßige, also autonomere Teil meiner Jugend begann, als ein Mädchen aus Zürich neu in meine Klasse kam. Sein Name war Sarah, und es erinnerte mit seinem breiten Grinsen an eine Art Pippi Langstrumpf. Sie schien sich vor wenig zu fürchten, war schnell, vorlaut, selbstbestimmt und schwere Kifferin. Ich war nach einem kurzen Abstecher auf eine Modeschule gerade an das Gymnasium im 18. Bezirk zurückgekehrt: Nachdem ich mir beim Nähen (15 Stunden die Woche) mehrmals in die Finger gestochen hatte und trotz tagelangen Übens immer noch die Schlechteste der ganzen Stufe war, sahen meine Mutter und ich ein, dass eine eher humanistische Ausbildung vielleicht doch besser für mich war, und ich ging zurück in das spießige Sprachgymnasium, an dem ich schon von 10 bis 14 gewesen war. Die Lehrerschaft nahm meine Rückkehr mit Entsetzen auf. Viele waren froh gewesen, mich endlich losgeworden zu sein. Ich bestand auf dem Recht, meine Gedanken zu äußern, und war damit in der Klasse so gut wie allein. Meine besten FreundInnen waren mittlerweile an anderen Schulen, kreativer oder gemütlicher (sogenannten Maturafabriken), und so war ich nun ohne eine verschworene Gemeinschaft zurück in diesem, wie es mir schien, gewalttätigen Polizeistaat.

Sarah und ich lernten uns eines Nachmittags kennen, da wir eine gemeinsame Feindin hatten, mit der wir beide unfreiwillig befreundet waren. Nicole war eine, im Nachhinein betrachtet, intrigante Soziopathin, die sich konsequent jedem aufdrängte, und zwar nicht aus Sehnsucht nach Freundschaft, was einen zumindest rühren hätte können, sondern weil sie Leute suchte, um sie zu unterdrücken und zu demütigen. Wir waren zwar zu alt, um uns auf diese Machtspielchen einzulassen, die sie durchaus geschickt einige Jahre durchgezogen hatte, aber gleichzeitig war uns langweilig, und unterhaltsam konnte Nicole in ihrer durchtriebenen Bosheit schon sein. Außerdem hatte Nicole von ihrem Nachbarn aus der gehobenen Wiener Vorstadt ein Gramm Gras geschenkt bekommen. Wir rauchten also Nicoles Zeug gemeinsam, dann musste sie schon los in ihre zweistöckige Vorstadtvilla mit Pferden und dem Golden Retriever. So blieben Sarah und ich im Park zurück und entdeckten sehr schnell etwas, das uns verband. Wir beide hielten Nicole eigentlich für einen fürchterlichen Menschen und ertrugen ihre Gesellschaft nur aus Mangel an Alternativen. Überhaupt war Sarah voller ausgeprägter Überzeugungen, über die wir angeregt diskutieren konnten. Ab diesem Tag trafen wir uns jeden Nachmittag im Türkenschanzpark, rauchten gemeinsam einen Joint, redeten über die Ungerechtigkeit der

Gesellschaft, zeichneten manchmal und überlegten, wie wir gemeinsam die Welt verbessern könnten. Es war von Anfang eine eher intellektuelle Freundschaft, wir redeten kaum über Emozeug, wie man es bei einer Mädchenfreundschaft erwartet, da blieben wir distanziert. Wenn wir ein paar Euro einstecken hatten, kauften wir uns auch mal einen Eristoff Ice in einem Lokal neben der Schule, in dem man auch unter 16 leicht an Alkohol kam. Es hieß *Abgrund*, und genauso sah es dort aus, vollgestopft mit Snobs. Alkohol tranken wir so gut wie nie, er schmeckte uns eigentlich nicht, also blieben wir bei typischen süßen Mischgetränken. Sarah hatte 20 Euro von ihrem Stiefvater zugesteckt bekommen, einem bekannten österreichischen Philosophen, und so gingen sich sogar drei Flaschen für jede aus. Wir hatten uns mal wieder in Rage diskutiert. Unser Hauptfeind war nicht mehr Nicole, sondern das Schulsystem. Und wir wollten den ganzen Kapitalismus abschaffen, obwohl ich mir nicht sicher bin, dass wir dieses Wort damals überhaupt schon benutzten. Gemeinsam brüteten wir verschiedenste Szenarien aus, wie wir diesem Stumpfsinn entrinnen konnten. Am Höhepunkt unseres Pathos wussten wir plötzlich, was zu tun war: Wir würden aussteigen aus dem Scheißsystem! Wir würden abhauen nach Granada! Freaks aus aller Welt hatten sich dort ihren Lebensmittelpunkt mit dem Nötigsten eingerichtet, das hatten wir irgendwo aufgeschnappt, und hier würde unsere widerständige Zukunft beginnen, davon waren wir in dem Moment zutiefst überzeugt. Wir wussten beide, es ging hier nicht um morgen, nicht um ein Demnächst, sondern wir mussten es auf der Stelle tun: per Autostopp nach Granada fahren. Wir zahlten unsere Rechnung und brachen entschlossen auf. Zuerst gingen wir zu Sarah, in ihre Dachwohnung in Währing. Alle Lichter waren schon aus. Danach spazierten wir die 20 Minuten zu mir nach Hernals in die kleine Wohnung, in der ich mit meiner Mutter lebte. Im Gegensatz zu Währing war mein Wohnbezirk schon abgefuckter, am Weg in die Geblergasse kamen wir an Peepshows, Bordellen und Spielhallen vorbei. Auch hier schlichen wir leise in der dunklen Wohnung herum, um das Wichtigste zusammenzupacken: den Reisepass, ein bisschen Wäsche, einen Rucksack, das Zahnputzzeug, Tampons und eine Rolle Klopapier. Behutsam schlossen wir die Türe und machten uns auf den Weg. Am sinnvollsten schien es uns, Richtung Westbahnhof zu gehen, da Spanien ja bekanntlich eher westlich von Wien liegt. Es war wenig Verkehr, am Gürtel standen ein paar Prostituierte, und mit unseren Rucksäcken spazierten wir durch die Gassen wie Pioniere auf dem Weg zur Welteroberung, zu Fuß und schnellen Schrittes, weil die Öffis nicht mehr fuhren. Bei der Josefstädter Straße legten wir eine kurze Pause ein, um uns im nächstgelegenen Gassipark mit einem Joint für die weitere Reise zu stärken. Der Park bestand aus einem Baum, einer Betonfläche und einer Bank, auf der im gelben Licht einer Laterne alleine ein besoffener Student mit unfrisierten, langen Haaren saß. Als wir näher kamen, rief er uns zu: «Hey, ihr! Was ist Zukunft?» Wir musterten ihn und setzten uns dazu. Immer wieder wiederholte er euphorisch lallend seine Frage: «Was ist die Zukunft?» Sarah sagte voller Inbrunst: «Wir fahren heute Nacht noch nach Granada, wir hauen ab, das ist die Zukunft!» Nachdem wir den Joint fertig gedreht hatten, teilten wir ihn mit dem Studenten und unterstützten ihn circa eine Stunde lang bei seinem Projekt, den wenigen Passanten wahllos die Frage zuzurufen: «Hey! Was ist Zukunft?» «Gusch!», rief ein Mann zu uns. «Sie is' meine Zukunft!», sagte ein junger Typ, der seine Freundin beeindrucken wollte. Mittlerweile war es drei Uhr nachts. Wir wurden immer bekiffter und müder und müder. Mit der Schläfrigkeit kamen uns erste Zweifel an unserem Reiseplan. Mussten wir wirklich unbedingt heute nach Granada? Während einer kurzen Besprechung wurde klar, dass die Moral beidseitig gesunken war und keine die andere mehr recht überzeugen konnte. Wir entschieden uns, doch erst nächstes Jahr nach Granada auszuwandern, vielleicht weniger abrupt. Es wäre auch sehr rücksichtslos gegenüber unseren Müttern gewesen, heimlich in der Nacht für immer abzuhauen.

In der Schule hatte ich mal wieder eine Strafe abzubüßen. Täglich sollte ich um 7:45 Uhr vorm Konferenzzimmer stehen, weil ich zu oft zu spät im Unterricht erschienen war. Verschlafen und mit kleinen Augen stand ich da und schaute mir das Ein- und Ausgehen im Konferenzzimmer an. In diesen Momenten empfand ich sogar Mitleid mit den Unterrichtenden, für die ich ansonsten nur tiefe Verachtung empfand. Es roch stickig, wenn die Tür sich öffnete, nach einer Mischung aus Angstschweiß und alten Büchern. Die Möbel sahen aus wie aus den 70ern, und die Schreibtische waren überladen mit Heftstapeln. Es herrschte eine unangenehme Enge. Ich ekelte mich. Die Strafe empfand ich als Demütigung: minutenlang vor diesem Raum zu stehen und darauf zu warten, dass sich eine dieser neurotischen Figuren in der Morgenhektik dazu herabließ, meinen Wisch zu unterschreiben als Bestätigung dafür, dass ich gehorsam war. Mein Hass wuchs, nicht auf die Menschen, sondern auf *das System*. Dabei war mir doch alles wichtiger, als diese Leute zu ärgern: Zeichnen, Freunde, Abenteuer, Diskussionen. Dass ich mich täglich angestrengt dazu aufraffen musste, mich in diesen Hort der Sinnlosigkeit zu schleppen, und dass es mir physische Schmerzen bereitete, meine Zeit unter diesen biederen, tyrannischen Wapplern abzusitzen, rang den sogenannten Pädagogen nicht das geringste Verständnis ab. Sobald ich konnte, stürzte ich sofort in den Park, wo meiner Meinung nach das wahre Leben stattfand. Sarah wartete schon mit einem fertig gebauten Joint in der Hand auf mich, und wir phantasierten uns davon. An diesen Nachmittagen lernte ich mehr als in einer Woche Unterricht, das war zumindest meine Ansicht. Wenn es kalt und dunkel wurde und wir unsere Finger nicht mehr spürten, bot uns das «Café Stadtbahn», ein alternatives Refugium im stockbürgerlichen 18. Wiener Gemeindebezirk, eine Herberge. Täglich um 19 Uhr sperrte es auf, und oft warteten wir schon 15 Minuten vorher ungeduldig vor der Türe, dass die Besitzerin den Schlüssel herumdrehte. Waltraut kannte uns schon sehr gut, sie begrüßte uns emotionslos, sie war sehr tolerant. Dort saßen wir dann bis zu fünf Stunden bei einem Glas Soda um einen Euro, und es störte sie nicht. Wenn wir selbstgebrannte CDs mit Hippie-Weltmusik mitbrachten, durften wir diese über ihre Anlage spielen, das rang ihr so etwas Ähnliches wie ein Lächeln ab. Waltraut war um die 60, hatte kurze graue Haare, eine dicke Hornbrille und immer denselben schlabbrigen, abgefuckten Pullover an. Drunter trug sie keinen BH, ihre Brüste baumelten dynamisch beim Servieren herum. Ihre Ausstrahlung war streng, aber im Grunde war sie gutmütig. Sie rauchte eine filterlose «A3»-Zigarette nach der anderen, und angeblich schlief sie sogar im Lokal. Das Café Stadtbahn war fast 100 Jahre alt, und Waltraut hatte es von ihrem Vater übernommen. Vor 30 Jahren war es angeblich wirklich mal ein Kaffeehaus für schachspielende Herren gewesen, doch inzwischen war es ein schummriges Beisl, eine heimelige Spelunke für Währinger Sonderlinge. Die Decken waren über vier Meter hoch, und über jedem Tisch hing ein farbiges Lämpchen, das mit seinem warmen Licht jedes noch so fertige Gesicht aufweichte. Die Poster an den Wänden erzählten Geschichte der letzten Jahrzehnte, und der Rauch stand so dicht, dass unsere Augen nach zwei Stunden zu tränen anfingen. Das hörte aber meistens auf, wenn man selbst dagegen anrauchte. Gegen 21 Uhr kam immer derselbe Obdachlose ins Lokal: der Willi, ein Typ mit einem rabenschwarzen Bart. Dem stellte Waltraut die Bierreste hin, die sie während des Abends in einem großen Glas für ihn gesammelt hatte. Es waren die übriggelassenen, mit Speichel vermengten Reste der Gäste, die dickflüssig in einem Halbliter-Glas auf ihn warteten. Der Typ freute sich sichtlich, sein Körper gewann wieder Spannung, und er schüttete den schalen Schlatz in sich rein. An den meisten Tagen geisterte auch Friedrich durchs Lokal. Er war Waltrauts Mann. Friedrich hatte lange, graue Haare, die flaumig wie Federn abstanden, sein Gesicht war hohlwangig und blass. Er bewegte sich langsam und fließend und wirkte fast durchsichtig, als könne er eins mit dem stehenden Zigarettenrauch werden. So schwebte er fast unbemerkt wie ein Geist von Tisch zu Tisch und räumte schweigend die Aschenbecher ab. Wenn er die Gäste wirr anredete, befahl Waltraut ihm grantig, er solle die Leute in Ruhe lassen, und verwies ihn in sein Eck. In dem Eck stand er dann, als wäre er außer Betrieb, bis es wieder Aschenbecher zu leeren gab, auf die er wie ferngesteuert zuging. Bei uns wusste sie allerdings schon, dass uns Friedrich nicht störte, wir unterhielten uns gerne mit ihm. Vor allem Sarah stellte ihm philosophische Fragen, zum Beispiel: «Was ist die Zukunft?» Angeblich hatte Friedrich Hepatitis C im Endstadium. Seine Aura war aufgeweicht von Opiaten. Er war wie eine wandelnde Schwade.

Nach wie vor träumten Sarah und ich davon, die Schule hinzuschmeißen und gemeinsam die Welt zu bereisen. Wir klapperten die Reisebüros im Bezirk ab und fragten nach Katalogen über Südamerika, Afrika, Asien. Dann schnitten wir die Bilder von alten, dunkelhäutigen Menschen, die zahnlos lachten, aus und klebten sie an die Wände. Hatte ich das Vorjahr noch deprimiert in meinem Zimmer verbracht und Tocotronic gehört, befand ich mich nun auf dem besten Weg, ein ideell verballertes Hippiemädchen zu werden: Ethnoromantik statt Hamburger Schule. Vom Avantgardefaktor her war das eine eher regressive Entwicklung, aber als verlauster Straßenhippie erlebte man halt doch mehr als als zynischer Indiesnob, und Punks gab es in Währing nicht. *Cool sein und irgendwas darstellen wollen* war, darauf einigten wir uns schnell, ein Armutszeugnis. Mir half diese Einsicht gleich einige Entwicklungsstufen weiter. Wir motivierten einander dazu, uns nicht zu leicht beeindrucken zu lassen, und bestätigten uns darin, einfach alles kapiert zu haben. Sarah und ich flanierten nach der Schule den ganzen Tag durch den Bezirk. Ich war noch nicht so geübt im Kiffen, während die Zürcher Waldorfschule aus ihr einen richtigen Profi gemacht hatte, der sein Wissen gerne an mich weitergab. Außerdem erklärte sie mir, dass wir das zur Bewusstseinserweiterung und nicht zum Posen taten. Natürlich war ich trotzdem sehr stolz, als ich die ersten Öfen endlich selbst drehen konnte. Ich liebte Posen! Aus Prinzip rauchten wir nur Joints. Bongrauchen fanden wir asozial, weil uns der Aspekt des Teilens sehr wichtig war. Die anderen Kiffer, mit denen wir manchmal herumhingen, waren meist pubertierende Typen, die schweigend ihre Bong stopften und halbkomatös Computerspiele spielten. Sie boten uns wenig Unterhaltung, geschweige denn Liebe.

Liebe und Typen waren generell kein Gesprächsthema, mit dem wir uns beschäftigten. Die Weltrevolution zu planen, nahm einfach zu viel Zeit in Anspruch, vielleicht war es uns auch einfach peinlich voreinander, oder wir waren Spätzünderinnen. Verliebt war ich in der Zeit nie, und angemacht wurde ich hauptsächlich von Volltrotteln. Unser Tag bestand aus gemeinsamem Rumhängen, Erforschen der Stadt und der Organisation von Gras. Wenn man, wie wir, keine private «Connect» hatte, musste man sein Gras in Wien damals in sogenannten «Hittn» besorgen. Die Hittn waren kleine Beisl, die keine 60 Quadratmeter groß waren. Von außen wirkten sie unscheinbar und hießen «Cafe 69», «Espresso König» oder «Cheers». Hinter der trashigen Bar stand meistens eine junge Serbin in engem Outfit. Der Grammpreis dort war zwar völlig überteuert, aber es war immer alles verfügbar. Unsere erste Hittn war das «Black Appache», ein kleines Tschocherl am Nussdorfer Gürtel, dessen Logo ein alter Indianer mit Friedenspfeife war. Dort musste man als Erstes einen Eistee Pfirsich bestellen, als wäre man ein ganz normaler Gast. Der Eistee Pfirsich war in allen Hittn der Code für das Kaufinteresse an Gras. Am Eistee nippend, wartete man dann, und im Black Appache wartete man sehr lange. Normal waren 30 Minuten, unsere Höchstwartezeit lag bei fünf Stunden. Also machten wir währenddessen unsere Hausübungen, lernten Lateinvokabeln oder Französisch. Jedes zweite Mal setzte sich «Mikey» zu uns. Er trug unabhängig von den Lichtverhältnissen immer Sonnenbrille, eine fette Goldkette und sah aus wie ein Kind, das sich als Zuhälter verkleidet hat. Als harter Straßengangster warb er um unsere Gunst. Wir rauchten ihm seine Zigaretten weg und ließen ihn sitzen. Trotzdem probierte er es jedes Mal wieder.

Wenn wir nach Stunden aufgeben wollten, kam tatsächlich der Dealer: ein 20-jähriger Typ, gehetzt, paranoid, mit aufgerissenen Augen. Er huschte in ein kleines, durch einen Vorhang abgetrenntes Hinterzimmer, und die wartenden Gäste gingen nach und nach zu ihm. Weil wir Mädchen waren, bekamen wir, wenn wir nett lächelten, meistens ein halbes Gramm mehr.

Während wir kiffend die Weltrevolution planten, fokussierten wir uns zunehmend auf das Schulsystem als Kern des ganzen Problems. Sarah war eben in Zürich auf einer Waldorfschule gewesen, und ich war von Geburt an antiautoritär veranlagt. Sarah war entsetzt über die hierarchischen Strukturen, der, wie sie es nannte, «Staatsschule», und ich fühlte mich endlich verstanden, auch die Härte des Begriffs «Staatsschule» gefiel mir gut.

Eines der Dinge, die Sarah am meisten ärgerten, war, dass der Zeichenlehrer in unsere Zeichnungen reinzeichnete. Das war für sie ein absoluter Skandal und an ihrer alten Schule undenkbar. Es war dann ja nicht mehr die eigene Zeichnung. Als der Professor das erste Mal in ihr Bild reinkritzelte, hielt sie eine zornige Brandrede, und er wagte es nie wieder. Sie brachte mir bei, freier zu zeichnen. Hatte ich vorher Figuren im Disneystil gemalt oder naturalistisch, erklärte sie mir, die besten Zeichnungen entstünden, wenn man sein Denken ausschalte und nichts Bestimmtes versuche. Man solle einfach sein Unterbewusstsein aufs Papier rinnen lassen. Das wisse schon, was es tue. Von da an wurden meine Zeichnungen viel interessanter.

Wir analysierten die Strukturen der Schule, wir erzählten uns jede Ungerechtigkeit, die uns widerfuhr, schaukelten uns gegenseitig hoch und waren uns sicher, eines Tages als große Reformerinnen zu Berühmtheit zu gelangen, denn nur wir könnten die Welt nachhaltig zu einem besseren Ort machen. Wir spielten auch mit dem Gedanken, Umweltaktivistinnen zu werden. Unabhängig voneinander hatten wir im ORF eine Dokumentation über Greenpeace gesehen und erzählten einander euphorisch davon. Auf Schiffen bei hohem Wellengang todesmutig gegen den Walfang kämpfen, Ölkonzerne unterwandern, in Tierfabriken einbrechen, das System sabotieren – das war die Art von kämpferischem Aktivismus, nach der wir uns sehnten. Noch am selben Abend registrierten wir uns auf der Greenpeace-Webseite. Damit war der erste Schritt zu einem Leben im Widerstand getan. Schon wenige Tage später flatterte eine Broschüre in unsere Postkästen: eine bunt illustrierte Einladung zu einer von Greenpeace organisierten Jugenddemonstration für Umweltschutz in Den Haag. Die Aktion hieß «Save the Planet» und beinhaltete eine kostenlose Reise nach Holland samt viertägigem Aufenthalt. Angehängt war ein Brief an die jeweiligen Schuldirektionen, uns für dieses hochgradig relevante Vorhaben freizustellen, gemeinsam mit anderen europäischen Jugendlichen den Planeten zu retten. Wir meldeten uns sofort an. Zu unserer Überraschung ließ sich auch unsere Direktorin vom Sinn der Reise überzeugen, und so durften wir fahren. Die einzige Bedingung war, danach einen Aufsatz über «unsere Erfahrungen» zu schreiben. Aufsätze schreiben war eines der wenigen Dinge, die ich noch gern machte, also war das okay.

Mit einem Reisebus wurden wir in einen Ort namens Wassenaar gebracht, der an der Nordsee lag und zwölf Stunden Fahrt entfernt war. Untergebracht waren wir mit 500 anderen Kindern und Jugendlichen, die aber zu unserem Bedauern meist deutlich jünger als wir waren. Sie sahen eher wie Kinder aus und nicht wie die heldenhaften Anarchisten, die wir uns ausgemalt hatten. Auf einem ausgestorbenen Campingplatz namens

«Duinrell» waren drei riesige Zelte mit Stockbetten aufgebaut. Duinrell war eigentlich ein Campingplatz für Familien mit integriertem Vergnügungspark, dessen Maskottchen ein Frosch namens «Rick» war, der am Eingang stand und den ganzen Tag monoton über das leere Gelände quakte. In ein paar lose verteilten Zelten standen verschiedene Workshops zur Auswahl, in denen angeregt diskutiert wurde oder bei denen man bunte Transparente für die große Demonstration malte. Das interessierte uns doch überraschend wenig, also verschoben Sarah und ich die Rettung des Planeten und checkten lieber die Gegend aus. Dabei entdeckten wir, dass alle Vergnügungsattraktionen fuhren, obwohl der Park ansonsten komplett leer war. Unser Umweltaktivismus beschränkte sich also in den folgenden Tagen darauf, zu zweit mit den verschiedenen Achterbahnen zu fahren, bis uns schlecht wurde. Den Rest der Zeit spazierten wir zum anliegenden Strand, beobachteten Ebbe und Flut, ließen uns den Wind um die Nasen wehen und aßen Pommes. Mit der Gruppe nahmen wir erst wieder Kontakt auf, als wir hörten, dass ein Tagesausflug nach Amsterdam geplant war. Amsterdam, das klang für uns nach Mekka. Ab einem Alter von 15 durfte man zwei Stunden lang alleine durch die Stadt spazieren, bis man sich zum gemeinsamen Abendessen wieder traf. Die Gruppenleiter bläuten uns unter Androhung nicht genauer beschriebener Konsequenzen ein, uns von Coffeeshops fernzuhalten. Sarah, ich und Janina, eine Punkerin aus Bremen mit rosa Haaren, mit der wir uns kurzfristig angefreundet hatten, liefen gemeinsam los, um in der kurzen Zeit so viele Coffeeshops wie möglich abzuklappern. Die meisten wollten uns wohl wegen unseres jugendlichen Äußeren nichts verkaufen, sodass wir sehr viele Türen einrennen mussten, die Zeit lief uns davon. Am Ende der Tour hatten wir 10 Gramm der unterschiedlichsten Sorten Gras und Haschisch zusammen, die sorgfältig in Alufolie verpackt in unseren BHs steckten. Die restliche Woche genossen wir glückselig die Fahrgeschäfte und die doppelt frittierten Pommes, während im Hintergrund ununterbrochen das psychedelische «Quaaak» von Rick, dem Riesenfrosch zu hören war. Von Umweltaktivismus bin ich seither begeistert.

Zurück in Wien, verlegten wir unsere Nachmittage vom eher am Stadtrand gelegenen gutbürgerlichen Türkenschanzpark auf die studentischere Votivwiese. Schon vorher waren wir, wenn mal ein, zwei Euro übrig blieben, gerne auf ein McSunday ein paar Straßenbahnstationen in den 1. Bezirk gefahren. Und irgendwann blieben wir einfach da. Immer öfter kam jetzt auch Jakob mit uns mit, ein Typ, der sitzengeblieben und neu in unserer Klasse war und daher ganz gut zu uns passte. Natürlich mussten wir ihn erst ein bisschen erziehen. Jakob dachte anfangs nämlich noch, dass er sein Taschengeld einfach für sich behalten konnte. Wir mussten ihm erst erklären, dass allen alles gehörte, wenn er mit uns unterwegs sein wollte. Das war auch viel sinnvoller, denn irgendjemand von uns hatte immer 10 Euro, und so hatte jeder zumindest etwas Geld für ein bisschen Gras und ein Eis. Jakob war ein lethargischer Typ, unkompliziert, mit Sinn für Humor, und er fügte sich nach anfänglichem Widerstand schnell unseren Regeln. Die Votivwiese ist eine große, rechteckige Wiese mitten im Zentrum, gleich neben der Universität Wien. Daneben steht eine gewaltige gotische Kirche. Täglich saß dort, neben kleinen Grüppchen von Studenten, auch eine große Runde Afrikaner und Südostasiaten zusammen. Es war eine Mischung aus Intellektuellen und Künstlern, die am afroasiatischen Institut der Universität arbeiteten, aber auch anderen Leuten mit ganz gewöhnlichen Jobs, die es nach Wien verschlagen hatte. Von Woche zu Woche lernten wir die Runde besser kennen: beim Schnorren von Zigaretten oder Papers kam man ins Gespräch, und jeden Nachmittag wurde man herzlicher begrüßt. Diese entspannte Ansammlung von Menschen aus aller Welt fanden wir aufregend. Sobald gegen Mittag die ersten Leute eintrafen, schob man die Parkbänke, die man ringsum auf der Wiese fand, zu einem großen Kreis zusammen. So war die Routine. Im Laufe des Nachmittags setzten sich Alte und Junge, Männer und Frauen und Kinder in die Runde. Wenn kleine Kinder dabei waren, spielten sie in der Mitte auf der Wiese, eingekreist und im Schutz der Leute, die ein dankbares Publikum für ihren Kleinkinderslapstick waren. Sarah und ich setzten uns meistens zu Jamal und

Aziz, zwei tiefenentspannten Marokkanern um die 50. Jamal war Koch und wegen seiner Frau nach Österreich gekommen. Mit lässig überschlagenen Beinen saßen die beiden auf ihrem Stammplatz und philosophierten, während sie uns dabei immer wieder unauffällig große Klumpen Hasch zusteckten. Im Gegenzug schickten sie uns gerne kaltes Bier holen. Mit 20 Euro gingen wir zum nächsten Supermarkt, brachten ihnen die Dosen und konnten das Restgeld behalten. Das war eine Symbiose, die vor allem uns zugutekam, denn natürlich hatten wir meistens keinen Cent in der Tasche, aber ein starkes Bedürfnis nach Softeis. Alles, was man in die Runde brachte, wurde fair geteilt, das schätzten wir und versuchten, nicht mit leeren Händen aufzutauchen, zumindest hin und wieder Kekse oder Chips von zu Hause dabeizuhaben. Manchmal setzte sich auch Lisi zu uns. Sie war 18, hatte 20 Piercings im Gesicht, war kahlrasiert und wirkte ziemlich drogensüchtig. An der Leine führte sie ihren riesigen Punkerhund «Sidney» spazieren. Meistens schaute sie nur schief und schwieg, bis sie irgendwann wegtrickerte. Das störte niemanden.

Im Türkenschanzpark waren Sarah und ich die Einzigen gewesen, die sogar bei Regen hartnäckig dablieben. Irgendwo fanden wir immer einen Verschlag, der uns vor Unwettern schützte. Auf der Votivwiese hingegen blieben alle sitzen, wenn es zu regnen begann. Die ungefähr 20 Leute standen dann einfach auf, schnappten sich die Parkbänke und trugen sie gemeinschaftlich unter die dichtesten Baumkronen. Wenn es zu arg schüttete, gingen aber auch sie. Nur Sarah, Jakob und ich hatten für diesen Fall die anliegende Tiefgarage für uns entdeckt. Dort saßen wir zu dritt drei Stockwerke unter der Erde, bis es spät wurde. Wir tranken billigen Wein und sangen Lieder, die sich durch den Hall des Gewölbes zu experimentellen Sounds verstärkten.

Einer, der auch täglich auf die Wiese kam, war «König Mao». Über sich selbst sagte er: «Ik bin der König vom Sudan. King Pharao Mao Antony Stevenson.» Er war meistens schwer betrunken und hielt ausufernde Monologe, entweder über die Weltpolitik oder darüber, wie gequält er von seiner Geilheit war. Dabei trug er ausnahmslos immer einen schwarzen Anzug und eine rote Krawatte. Er war fast zwei Meter groß, hatte riesige Hände, ein schönes Gesicht und jammerte volltrunken: «Niemand liebt mich. Wem liebt mich?» Dann machte er meistens Sarah an, er schwärmte von ihren blonden Haaren, und sie nahm es mit Humor. Wenn sie ihn abwies, holte er einen großen Schlüsselbund aus der Hosentasche. Er klimperte damit vor ihrem Gesicht und sang: «Peppi, Peppi, Peppi! Peppi immer da. Das ist unsre Peppi. Ja, ja, ja!» Er war eindeutig irre, hatte aber durchaus seinen Charme. Einmal war er schlecht gelaunt, weil Senegal bei der Fußball-WM verloren hatte. Mit zwei jungen Türken, die eher zufällig vorbeikamen, begann er, lauthals zu streiten. Er sprach gebrochenes Türkisch mit ihnen, und die anderen Afrikaner auf der Wiese, die ihn schon lange kannten, erzählten, dass er zwölf verschiedene Sprachen spreche. Das wirkte nicht unplausibel, immer wieder stellte er unterschiedlichste Sprachkenntnisse unter Beweis. Angeblich war er hochgebildet und früher erfolgreich als Jurist tätig gewesen. Er habe sich damals für humanitäre Einsätze im Kosovo engagiert. Seit der Scheidung von seiner Frau sei es bergab gegangen, er habe exzessiv zu saufen begonnen und seinen Verstand verloren, so sagte man sich. Manche sagten auch, er sei manisch-depressiv und immer schon so. Ein weiterer Mythos über ihn war sein monströser Schwanz: «30 Zentimeter», sagten die Leute aus der Runde und lachten. Irgendwann saß er mir mal breitbeinig gegenüber, und ich sah plötzlich auf Höhe des Knies etwas in seiner Hose zucken. Ich war komplett waach und blieb hängen. Er bemerkte meinen verdutzten Blick und lachte dreckig. Das sei keine Maus in seiner Hose gewesen, sondern sein «Peppi». Bis zum heutigen Tag bin ich mir nicht sicher, was das war. Wenn man den stockbesoffenen König noch nicht so gut kannte, wusste man nicht genau, wie man mit ihm umgehen sollte. So auch die zwei ratlosen Türken, mit denen er in Streit geraten war. Sie riefen, dass er sie in Ruhe lassen solle. Der König wurde noch wütender. Er blies sich auf wie ein Gockel vorm Hahnenkampf und packte eine Parkbank. Dabei wurde einem erstmal klar, wie viel Kraft dieser Mann in einem einzelnen Arm hatte. Meistens war auch er es, der am Anfang des Tages die Bänke für alle Stammbesucher in einem Kreis aufstellte. Mit der Bank unterm Arm rannte er den verwirrten Türken jetzt brüllend nach. Er blieb zwar irgendwann stehen und lachte brüllend, aber die Armen liefen bestimmt noch Hunderte Meter weiter um ihr Leben.

Weil wir alle wussten, dass der König in Wirklichkeit harmlos war, mussten wir in der großen Runde darüber lachen und konnten auch lange nicht aufhören. Noch heute, 20 Jahre später, begegne ich dem König vom Sudan oft auf den Straßen Wiens. Er sieht fast unverändert aus, nur etwas heruntergekommener. Überhaupt ist es phänomenal, wie gut sich so stadtbekannte Verrückte oft halten. König Mao erkennt mich meistens sofort, fragt mich dann, wo Sarah ist. Ich antworte ihm, dass sie jetzt drei Kinder hat und er fragt, ob ich auch Mutter geworden sei, weil ich so viel dicker wäre als früher.

Nach der Action mit der Parkbank ging ich zur öffentlichen Toilette. Am Rückweg sprach mich ein älterer, verdrehter Mann im Rollstuhl an. Zusammengeknautscht stand er am Rand der Wiese und rief mich zu sich. Mit einem Hundeblick fragte er mich, ob ich nicht mit ihm reden könne, er sei so einsam. Ich dachte mir, okay, wieso nicht, und setzte mich neben ihn auf eine Bank.

Er fragte mich: «Kann ich mit dir über alles reden?»

«Ja klar, wenn du magst.»

«Auch über meine Gefühle?»

«Fix.»

«Auch über meine intimen Gefühle?»

«Äh ... na ja. Muss nicht sein.»

Trotzdem begann er, mir von seinem sexuellen Elend

zu erzählen, wie gerne er eine Frau hätte, und ich dachte mir: Okay, ich hör halt ein bisschen zu. Was soll's. Dann streckte er seine knöcherne Hand nach mir aus. Er wollte mich streicheln, während er mich sehr direkt fragte: «Kannst du mir den Schwanz massieren?»

Angewidert sprang ich auf und meinte nur: «Ich kann dir echt nicht weiterhelfen.»

Zurück bei Sarah und den anderen in der Parkbankrunde, erzählte ich von meinem Erlebnis, was einen etwa 50-jährigen Typen, der in losen Abständen vorbeikam, nicht davon abhielt, mich auch noch anzumachen. Er meinte, er wolle mir unbedingt seine Wohnung zeigen, so ein schönes Schlafzimmer hätte ich noch nie gesehen. Die älteren Frauen in der Runde sagten ihm, er solle mich in Ruhe lassen. Ich konnte nur den Kopf schütteln. Nie wieder bin ich von so skurrilen alten Männern bedrängt worden wie mit 15. In keinem anderen Alter laden diese Männer häufiger uneingeladen ihren sexuellen Frust an einem ab wie als Teenagerin.

Hin und wieder zählte auch Doris zu unserem Kreis. Doris war eine mollige, junge Frau mit Kindergesicht und hellen, fettigen Haaren. Sie sprach alle Leute der Runde nacheinander an: «Magst du mich eh?» Dabei sprach sie mit zarter und leiser Stimme, wie ein kleines, verängstigtes Mädchen. Alle antworteten ihr bestärkend, dass sie eh lieb sei. Einmal hatte sie zwei Mäuse dabei. Sie zog sie aus ihrer schmutzigen Westentasche und zeigte sie uns. «Die habe ich auf der Straße gefunden. Die gehören jetzt mir.» Mit großen Augen strahlte sie uns an, ging wortlos weiter, und man konnte sich nur wundern, wohin.

König Maos Trinkexzesse wurden wöchentlich schlimmer. Hatte er normalerweise nur literweise Bier und Wein intus, so trug er mit der Zeit immer öfter ganze Wodkaflaschen in der Hand und erzählte, dass er seit drei Tagen nicht geschlafen habe. Er konnte nicht mal mehr eine Parkbank heben wie sonst. Die Leute auf der Wiese machten sich Sorgen. Zwar war der König anstrengend, aber durchaus beliebt, früher hatte er den Leuten mit seinen Kontakten offenbar manches Mal aus der Patsche geholfen. Doch jetzt torkelte seine massive Gestalt zu uns und fragte nach Zigaretten, aber jedes Mal, wenn er eine bekam, zerbrach er sie in der Mitte und warf sie schimpfend weg. Irgendwann gab ihm niemand mehr eine und er zog traurig ab: «Niemand liebt mich. Wem liebt mich?»

Wenn die Polizei auf der Votivwiese auftauchte, wussten die meisten von uns schon einige Minuten vorher Bescheid, weil es immer jemanden gab, der angelaufen kam und einen warnte. Jedes Mal durchzog Aufregung und Anspannung die ganze Gruppe. Manche Leute hauten einfach so schnell wie möglich ab. Vielleicht waren sie illegal, vielleicht hatten sie Drogen dabei, vielleicht waren es einfach nur die vielen schlechten Erfahrungen, die die meisten AfrikanerInnen auf der Votivwiese mit der Polizei gemacht hatten. Die, die kifften und dablieben, versteckten rasch ihr Gras an einem bestimmten Punkt auf der Wiese. Kam die Polizei dann in den Votivpark, ging sie auch schnurstracks vorbei an Pärchen und Studentengruppen direkt auf die bunte Runde zu und kontrollierte erstmal alle Ausweise, außer Sarahs, meinen und die der anderen Weißen. Zogen sie wieder ab, ohne jemanden mitgenommen zu haben, war große Erleichterung zu spüren, und man schimpfte gemeinsam über die Behörden. Zwei Bangladescher, die auch immer auf die Wiese kamen, ein junger fescher und ein steinalter, hutzeliger, parodierten die Kiberer. «Du Ausländer, zeigen Ausweis, gemma, gemma!» «Was du machen in Österreich? Nix frech sein, sonst Abschiebung, pfiati, baba!», bis alle wieder lachten.

Täglich wurde der neueste Klatsch ausgetauscht und die Runde auf den aktuellen Stand gebracht. Auch Trauriges oder Dramatisches wurde geteilt: Einmal erfuhren wir, dass Sankal einen Schlaganfall gehabt hatte. Sankal war ein über 80-jähriger Inder, mit grauem Bart und wenigen Haaren am Kopf, der bis dahin ausnahmslos jeden Tag da gewesen war. Er war höchstens 1,60 m groß, wog maximal 50 Kilo und saß jeden Tag mitten unter uns meditierend in der Sonne. Dazwischen malte er Mandalas mit Buntstiften und lächelte in sich hinein. Er sprach wenig Deutsch, und das auf eine so verzerrte Art, dass wir ihn eigentlich nie richtig verstanden und meist nur genickt hatten. Regelmäßig bot er uns einen Zug aus einem gigantischen Shillum aus Ton an, aber nachdem wir es einmal probiert hatten und völlig weggeballert waren, lehnten wir dankend ab. Die Leute auf der Votivwiese sagten, er sei sonnensüchtig gewesen. Viel mehr brachten wir über ihn nicht in Erfahrung. Und nun war der alte Mann also weg.

Die kindliche Doris mit ihren zwei Mäusen kam auch mal wieder vorbei. Mittlerweile hatte sie einen Schuhkarton für die beiden: «Die haben jetzt ein Haus.» Auf das Haus hatte sie mit Kugelschreiber Sterne gemalt. Sie erzählte Sarah und mir, dass sie schwanger sei. Der Test sei positiv gewesen, seit mehr als einem Jahr habe sie ihre Regel nicht mehr. Sie meinte, ein Menschenkind brauche ja nur neun Monate, um geboren zu werden, deshalb sei sie sich ziemlich sicher, dass es ein Alien werde. Möglicherweise aber auch ein Engel. Ein Engel sei auch daher wahrscheinlich, weil ihr nämlich vor zwei Wochen im Flex einer erschienen sei. Wir trauten uns nicht zu fragen, ob sie etwa ungeschützten Sex mit dem Engel hatte, und schauten ihren Mäusen beim Durchdrehen zu.

Es gab auf der Votivwiese mehrere Runden, die sich nie vermischten. Die größte war die, in der die vielen Afrikaner saßen. Hier wurde gekifft, musiziert, politisiert und hin und wieder ein Bier getrunken. Am anderen Ende des Parks gab es noch eine kleinere Runde, bei der eine Mischung aus Alkoholikern und Obdachlosen zusammenkam. Der König vom Sudan wechselte die Runde je nachdem, wie besoffen er war. Wenn er nur noch rumschrie und seierte, fühlt er sich in der Alkirunde einfach aufgehobener. Um uns von ihm zu verabschieden, gingen auch Sarah und ich hin und wieder zur Alkirunde, wurden dort aber jedes Mal so angehechelt und mit perversen Sprüchen zugetextet, als würden die zum ersten Mal Frauen sehen. So ergriffen wir meist schnell wieder die Flucht.

Ab und zu gönnten Sarah und ich uns auch ganz bürgerliche Freizeitaktivitäten, einen Kinobesuch zum Beispiel. Wobei, eigentlich machten wir so was nur, wenn irgendjemand gerade zu irgendeinem Anlass einen Gutschein bekommen hatte. Es blieb jedenfalls eine Ausnahme. Wir konsumierten insgesamt wenig Kultur. Wir hätten zu große Angst gehabt, draußen etwas zu verpassen. Aber als «Die fabelhafte Welt der Amelie» in den Kinos lief und er uns von allen Seiten ans Herz gelegt wurde, verabredeten wir uns immerhin doch am Arne-Carlssen-Park, um einen Joint zu rauchen. Das Kolosseum-Kino war ums Eck. Der Park war bei Skatern sehr beliebt, weil es dort eine große Halfpipe gab. Es war schon dunkel und der Skatepark leer, also machten wir es uns auf der verlassenen Halfpipe gemütlich, kletterten ganz nach oben und rutschten wieder herunter. In der hintersten Parkecke lungerte jemand im Hoodie rum. Neugierig, wie wir waren, liefen wir in seine Richtung. Eine düstere Gestalt im Park war für uns immer eher Einladung als Abschreckung. Als wir ein bisschen genauer schauten, erkannten wir einen Typen Mitte zwanzig. Wir setzten uns in seine Nähe und fragten, was er hier ganz allein mache, da entdeckten wir schon, dass er gerade dabei war, sein Spritzbesteck zurechtzulegen. In ihrer typischen direkten Art meinte Sarah: «Aha, und du spritzt dir also hier immer dein Heroin, oder wie?»

Er sah unverbraucht aus, ganz hübsch eigentlich, und reagierte freundlich: «Ja, aber ich mach das nicht oft, und ich räum eh immer alles weg.» Er band sich den Arm ab und setzte sich vor unseren Augen einen Schuss. So was hatten wir beide noch nie gesehen. Wir fragten ihn, ob er richtig abhängig sei, so ein richtiger Heroinjunkie. Er schüttelte vehement den Kopf und sagte, er bräuchte das Zeug nur ab und zu, um bestimmte Dinge vergessen zu können, Erinnerungen zu löschen. In der Zwischenzeit hatten wir unseren Joint fertig gebaut, und als ich ihn anzündete, fragte ich, welche Erinnerung er meine. Parallel mit seinem Rausch setzte ein langer Vortrag von ihm ein. Er redete und redete langsam, aber ohne Pause. Er begann, vom Jugoslawien-Krieg zu erzählen und uns akribisch über geographische und politische Details zu informieren. Die Geschichte blieb dabei sehr strukturiert. Er kam auf die Kriegsverbrechen der Serben zu sprechen, auf Vergewaltigungen und Folter, und seine Gestik wurde lebendiger, man bekam das Gefühl, man befände sich inmitten der Szenerie seiner Erzählung.

Er erzählte von Familien aus seiner Nachbarschaft und wie jahrzehntelange Freundschaften plötzlich zu

Feindschaften geworden waren. Während wir mit offenen Mündern zuhörten, schilderte er uns brutale Kriegsverbrechen. Dann kam er zum offenbaren Kern seiner Geschichte. Mit 19 sei auch er in den Krieg eingezogen worden, um gegen die Serben zu kämpfen. Er war Scharfschütze oder so was und bekam den Auftrag, vor einem Quartier, von dem sie wussten, dass dort kroatische und bosnische Zivilisten gefoltert wurden, auf die serbischen Soldaten zu lauern. Dort sollte er irgendeinen General abpassen und ihn erschießen. Er hätte sieben Stunden auf den Typen gewartet und ihm, als er endlich zu sehen war, sofort in die Brust geschossen. Erst danach hätte er gemerkt, dass der Typ ein etwa siebenjähriges Kind vor sich hergeschoben hatte. Der Schuss hatte es direkt in den Kopf getroffen, es war tot. Das hätte er nicht verkraftet. Und seitdem setzt er sich einen Schuss, wenn die Bilder hochkamen. Sein hypnotischer, monoton vorgetragener Monolog dauerte fast eine Stunde. Wir haben ihm alles sofort geglaubt (heute bin ich skeptischer). Aber wir mussten los, weil der französische Kitschfilm begann. Als wir uns verabschiedeten, rief er uns nach: «Tschüs, ihr zwei! Ihr bringts Glück.»

Die Zeiten wurden kälter, und so landeten wir wieder im Café Stadtbahn. Sarah und ich blieben noch immer meistens zu zweit, manchmal war Jakob dabei, aber ich glaube, das Teilen seines Hab und Guts zehrte ein wenig an ihm. Mir gefiel die Zweisamkeit, aber Sarah vermisste den Trubel, den sie mit ihren vier großen Brüdern, die noch in der Schweiz lebten, gewohnt gewesen war. Sie brauchte mehr Leute um sich. Wenn im Stadtbahn ein Säufer allein in der Ecke saß, sagte Sarah zu mir: «Setzen wir uns einfach zu dem?» Wir fanden die Typen beide spannend, und unsere naive Aufmerksamkeit ließ die depressiven, alten Männer kurz aufblühen. Wir fragten, ob wir eh nicht störten. Dann setzten wir uns hin, und Sarah, die immer etwas überdreht war, fragte: «Wer bist du? Erzähl uns was über dein Leben.» So saßen wir manchmal bis 3 Uhr in der Früh mit einem «Rudl» zusammen. Der Rudl zum Beispiel war 56, hatte ein hängendes, verrauchtes Gesicht, kam meistens sehr spät in der Nacht und saß alleine bei seinem Bier an der Bar. Er erzählte uns von der Zeit, als er noch ein schöner, junger Mann gewesen sei und als DJ um die Welt reiste. Er hätte «Garage» aufgelegt, und die Frauen seien ihm zu Füßen gelegen, die geilsten Frauen. Sein bester Freund war ein erfolgreiches Model und so seien sie gemeinsam durch die New Yorker und Pariser Schickeria gezogen. Er berichtete mit glänzenden Augen von Bergen aus Kokain und langbeinigen Models, die alle mit ihm ins Bett wollten. Zu Sarah sagte er, sie könne auch locker Model werden, sie sei genau der Typ dafür. Sie solle sich doch bei einer Agentur bewerben. Das sagten öfter Leute zu ihr, und es schien ihr unangenehm zu sein. Ein Model zu werden, das interessierte sie überhaupt nicht, und so wechselte sie schnell das Thema.

«Du bist auch niedlich», sagte Rudl zu mir, damit wir wenigstens beide unangenehme Komplimente bekamen. Sarah und ich hatten den Hang, mit Männern eher zu konkurrieren, als ihnen gefallen zu wollen. Damals dachte ich auch noch, man würde Typen beeindrucken, indem man ihnen zeigte, dass man schlauer und lustiger war als sie. Ich brauchte noch etwas, um zu kapieren, dass sie dann Angst bekamen. Friedrich geisterte zu uns und leerte klimpernd die Aschenbecher. Rudl sagte Waltraut, dass alle Getränke auf ihn gingen. Wir bestellten zwei Pfirsichspritzer und rauchten seine Zigaretten. Jedes Mal, wenn wir ihn sahen, erzählte er uns einen Witz, zum Beispiel: «Sitzt a Typ am Balkon und raucht an Ofn. Plötzlich fliagt gaunz laungsam a riesiger Feuerball vorbei. Der Typ denkt si: ‹Wos isn des für a orges Graserl?›, und er baut sie glei no an und raucht no an Ofn. Do ziagt wieda da Feuerball vorbei, gaunz laungsam. ‹Das gibts jo net›, denkt er si und baut no an. Und scho wieda fliagt der riesige Feuerball vorbei. Do geht er ins Haus und frogt sei Mutta um a Floschn Wossa. Drauf sogt die Mutter: ‹Dass du einen Durst hast, wundert mich nicht, nach drei Tagen auf dem Balkon.›» Über seine Witze lachte er selbst am allerlautesten.

Zwischen den ruhigen Stunden schneite auch öfter der «Dichter» rein, ein versoffener kleiner Mann mit verquollenen Augen. Er ging von Tisch zu Tisch und versuchte, Hefte zu verkaufen, in denen er Palindrome gesammelt hatte. Die Hefte waren wirklich nicht schlecht. Außerdem hatte er das Literaturmagazin «Wienzeile» dabei, eine Publikation, in der die kuriosesten Autoren Texte veröffentlichten. Jahre später besuchten Freunde und ich manchmal die Lesungen im Vereinslokal der «Wienzeile», weil es gratis Wein gab. Es begann immer ganz gediegen, die diversen LiteratInnen lasen ihre Texte vor und der Rest hörte zu. Nach circa zwei Stunden waren alle Anwesenden allerdings so besoffen, dass sie nur noch wild durcheinanderschrien und sich fast die Schädel einschlugen. Immer wieder lud ich Freunde ein mitzukommen und erzählte ihnen begeistert von dieser rasanten Wandlung in den Wahnsinn, die auch jedes Mal zuverlässig stattfand. Einmal brach ein Streit darüber aus, welches Samuel Becketts bester Roman sei. Am Ende lag ein dicker Mann, der mir zuvor erklärt hatte, er wäre Satanist, am Boden, hatte die Fäuste zur Decke gestreckt, sein Kopf war rot angelaufen, und er schrie mit aller Kraft: «Molloy! Molloy! Molloy!», bis alle im Raum einstimmten und zwanzig Menschen ihn rhythmisch anfeuerten: «Molloy! Molloy! Molloy!» Der Dichter hieß Thomas Frechberger. Mit ausladender Gestik und voller Cholerik schrie er durchs Lokal: «I bin a Dichter! I bin a Dichter!», bis ihn Waltraut genervt vor die Tür setzte. Ich meinte zu Sarah: «Ich glaube, so werde ich mal, wenn ich alt bin.» Ein bisschen hatte ich damit recht. Und der Dichter Frechberger sieht zwar heute sehr versoffen aus, aber nicht ein Jahr versoffener als früher.

Ebenfalls allein hinten in einer Ecke, ketterauchend und sehr zerknautscht, saß Bert da. Bert war ein Künstler. Er war ganz dünn und fahl, sein Kopf schien viel zu groß für seinen Körper, und er trug auf seinen langen, blonden Locken immer eine Fischermütze. Er zeigte auf alle Bilder im Café Stadtbahn, die er gemalt hatte, meistens Porträts, politische Karikaturen, technisch einwandfrei. Weil wir auch gerne seine anderen Bilder sehen wollten, gingen Sarah und ich eines Abends einfach mit ihm nach Hause. Er wohnte nur zwei Straßen vom Café Stadtbahn entfernt, und wir folgten ihm gespannt durch die dunkle Gersthofer Straße. Er öffnete die Türe zu einer großen Altbauwohnung im Erdgeschoss. Es roch nach Flohmarkt und Zigaretten. Aus einem alten Kasten holte er große Mappen hervor, in denen seine Malereien verstaut waren. Surreale Szenarien, Frauen mit überdimensionalen Brüsten, Figuren aus Entenhausen. Die Wohnung war geräumig und vollgestapelt mit Zeitungen. Alle paar Meter stand ein Aschenbecher mit Bergen von Zigarettenstummeln seiner Selbstgedrehten herum, spitzzulaufende weiße Hügel in einer Landschaft aus Ramsch. Manchmal, sagte er, würde seine 14-jährige Tochter hier übernachten mit ihrem Freund. Obwohl er sonst sehr leise und ruhig sprach, wurde er plötzlich wütend auf eine stille, verbissene Art: Er sehe es aber überhaupt nicht ein, sagte er mit kleinen, geballten Fäusten, die Spermaflecken von dem Idioten rauszuwaschen. Bäh! Davor grause es ihm. Im Übrigen sei es sein Lebenstraum, ein Grundstück in Ghana zu kaufen, dort sei das Leben freier und die Frauen schöner. Er bot uns an, im Zimmer seiner Tochter zu übernachten, aber wir meinten, wir müssten langsam nach Hause.

Die Nächte wurden länger, die Schule problematischer und meine Noten schlechter. Immer öfter fühlte ich mich unfähig, überhaupt hinzugehen.In der Früh lag eine unendliche Schwere auf mir, und da meine Mutter vor mir losmusste, konnte ich mich oft nicht überwinden aufzustehen. Meine Mutter arbeitete 40 Stunden, sie war Krankenschwester und betreute psychisch kranke Menschen zu Hause. Wir hatten prinzipiell ein gutes Verhältnis, das sich durch meinen Unwillen, etwas für die Schule zu tun, deutlich verschlechterte. Im Gegensatz zu mir, die immer schon halb mit dem Kopf in den Wolken hing, stand sie mit beiden Beinen fest am Boden der Realität, was wohl auch der Grund ist, warum ich nicht davongeschwebt bin. Ihre Aufgabe war es, Kontakt zu den schweren Fällen herzustellen, um nach dem Rechten sehen zu können. Ich liebte die Geschichten aus ihrer Arbeit. Man konnte kaum fassen, was hinter Wiener Wohnungstüren für Welten lagen. Ein Mann, den sie betreute, legte seine Wohnung alle paar Wochen mit trockenem Laub aus. Er bedeckte alles damit, bis sämtliche Möbel darunter vergraben waren. Es sah eigentlich ganz schön aus, meinte sie. Trotzdem musste sie dafür sorgen, dass das Laub wegkam. Das war jedes Mal eine Katastrophe für diesen Mann, aber er war Kettenraucher und lief Gefahr, das Wohnhaus abzufackeln. Mein Vater war Elektriker und nur manchmal da. Sie war alleinerziehend, und früher, wenn sie zu den Elternsprechtagen ging, kam sie sorglos und beschwingt zurück, weil ihr alle erzählt hatten, wie leicht mir die

Schule fiel. Damals hatte es geheißen: «Sie schreibt gute Noten, und nebenbei zeichnet sie auch noch die ganze Zeit Bilder.» Jetzt hieß es: «Sie schreibt nur Fetzen, und nebenbei zeichnet sie auch noch die ganze Zeit Bilder.» Ich hatte auch früher manchmal geschwänzt, aber das war nicht so aufgefallen, weil der Rest stimmte. Jetzt gab es nur Ärger, und meine Mutter und ich stritten immer häufiger, ohne dass ein Ausweg in Aussicht war. Der Unterricht erschien mir wie pure Lebenszeitverschwendung, und gleichzeitig wurde die Zahl der Fehlstunden unüberwindbar. Die LehrerInnen hassten mich mehr und mehr, Aufmüpfigkeit konnte ich mir schon lang nicht mehr leisten. Ein Lehrer warnte sogar Sarahs Mutter, eine Intellektuelle, vor dem Umgang mit mir. Ich sei verwahrlost und würde alleine leben, dabei hörte sich meine Mutter sogar alle paar Wochen die Klagen der Lehrer an. Sarahs Mutter zeigte sich empört über eine solche Einmischung. Sie war im Vergleich zu den sehr konservativen Eltern dieser Schule eine coole Linke. Ich fand diese Übergriffigkeit unerhört und verletzend. Das waren doch eindeutig Grenzen, die man als Pädagoge nicht überschreiten durfte. Aber ich saß mal wieder am kürzeren Ast. Es gab die wildesten Gerüchte über mich, dabei war ich eigentlich ganz harmlos. Es war einfach, neben den ganzen angepassten Ärztekindern, die außer Klavierunterricht und Tanzschule kaum Freizeitbeschäftigungen hatten, als Arbeiterkind mit Nasenpiercing wie der wüsteste Straßenpunk zu erscheinen. Zumal wir mittlerweile in der

Oberstufe waren, in der beinahe nur die Bravsten übrig geblieben waren: jene, die eben nicht auf eine berufsbildende höhere Schule gewechselt hatten, weil sowieso klar war, dass für sie danach nur Jus oder Medizin in Frage kam. Die Verschiebung der Relationen kam mir nicht besonders zugute. Obwohl Sarah mich erst aufs Kiffen gebracht hatte, genoss sie noch einen besseren Stand, auch aufgrund ihrer Herkunft (die Mutter Journalistin, der Stiefvater ein Philosoph, den man aus dem Fernsehen kannte). Sie hatte aber auch ihre Fehlstunden und ihre Schulleistungen besser im Griff und noch keine fünf Jahre Zeit gehabt, ihren Ruf zu ruinieren. Alles langweilte mich, ich fühlte mich von ungerechten Autoritäten diskriminiert und gequält, despotischen Ungeheuern ausgeliefert. Die einzigen Momente, in denen ich versöhnlich gestimmt war, waren, wenn Sarah, Jakob und ich noch vor dem Unterricht was gekifft hatten. Dann hatte ich plötzlich viel mehr Empathie mit den Professoren. Es fiel mir viel leichter, mich in sie hineinzuversetzen. Ich spürte ihre ganze Verlorenheit während dieses öden Frontalunterrichts, sie waren so verletzlich vor den 25 Jugendlichen. Als würde einem eine feindliche Armee gegenübersitzen. Ich erkannte ihr schweres Los, ich roch ihre Angst, es nahm mich mit, und ich wollte das Schulsystem auch ihnen zuliebe reformieren.

Sarah, Jakob und ich saßen in der Klasse in der Nähe von Bernhard und Bronek. Ich hatte sie früher nicht so beachtet, sie waren zwei kauzige Nerds, die ihr eigenes Ding machten. Sarah, die die alten Klassenstrukturen nicht kannte und daher unvoreingenommen auf alle zuging, hatte sich schnell mit ihnen angefreundet. Die beiden hatten einen hervorragenden Sinn für Humor, und so lernte auch ich sie richtig kennen. In der Schule hingen wir nur noch zu fünft ab. Unsere Clique war mein einziger Lichtblick an unbekifften, endlosen Vormittagen. Wir machten uns fortan gemeinsam über alles lustig, am liebsten über die Lehrer oder über Nicole. Bernhard und Bronek schrieben gemeinsam Geschichten und absurde Lieder, die wir alle auswendig singen konnten. Am liebsten mochte ich ihr an Grönemeyer angelehntes Lied «Rosenbeet»:

Es hat tagelang geregnet,
Ich werd dich nie vergessen
Wir könnten doch mal zusammen
Regenwürmer essen
Du hast dich tagelang nicht bewegt,
Jetzt bist du gelähmt
Weil du dich nicht wehren kannst,
Hab ich deine Frau entlehnt
Wir gingen dann ins Rosenbeet,
Ich zeigte ihr, wie Liebe geht
Sie hat es lieber, wenn's keiner sieht
(Oh ja, dieses Rosenbeet)
Dieses Rosenbeet hat seine besten Tage hinter sich

Eines Nachmittags musste die gesamte Klasse zum großen Nestlé-Schullauf. Kinder und Jugendliche aus ganz Wien trafen auf einem zentral gelegenen Sportplatz zusammen und traten pro Stufe im Zwei-Kilometer-Lauf gegeneinander an. Am Ende warteten Schokolade und Chips von Nestlé als Belohnung. Sarah und ich hatten im Vorfeld versucht, die Veranstaltung aus Gründen der Kapitalismuskritik zu boykottieren. Wir hatten gerade das Schwarzbuch der Markenfirmen gelesen und wussten daher, dass Nestlé ein Konzern von Verbrechern war. Deshalb, so erklärten wir dem Klassenvorstand, könnten wir unmöglich teilnehmen und bräuchten einen freien Tag. Die Turnlehrerin ließ unsere Argumentation nicht durchgehen, wir mussten mit. In der U-Bahn steckte Bernhard seinen Finger unter den Pullover und rief fremden Fahrgästen zu: «Geld her! Unter meinem Pullover ist eine Tube Senf!», und Bronek sagte zu einem fremden, alten Mann: «Sie sind schön wie der junge Frühling.» Es begann, ein guter Tag zu werden.

Sarah war die Einzige von uns, die tatsächlich so was wie sportlichen Ehrgeiz besaß, was vermutlich daran lag, dass sie vier große Brüder hatte und es gerne mit anderen aufnahm. Außerdem wies sie grundsätzlich eine Sportlichkeit auf, die uns fehlte. Sie konnte erstaunlich schnell laufen, was mich oft an meine Grenzen brachte, da sie, obwohl wir komplett waach waren, immer darauf bestand, jene Schnellbahn zu nehmen, die per Sprint gerade noch zu erreichen war. Ich wollte natürlich nicht schlecht dastehen, verreckte nach einem Kilometer beinahe und verlor in der Zeit, in der ich mit ihr unterwegs war, trotz der vielen Eisbecher mindestens sieben Kilo.

Sarah hatte zum Nestlé-Lauf ihre Sportschuhe vergessen und beschloss daher, barfuß zu laufen. Wir waren beeindruckt davon, wie sie ihre Runden abspulte, und auch die anderen staunten nicht schlecht, als sie den dritten Platz belegte. Bronek, Jakob, Bernhard und ich glichen ihren Leistungswahn aus, indem wir uns vornahmen, so langsam wie möglich zu laufen. Wir riefen einen eigenen Wettbewerb unter unseren MitschülerInnen aus und steckten immerhin die Hälfte der Klasse damit an. Das eigentliche Ziel war es nun, den Lauf zu entschleunigen, sodass wir erst im Dunkeln ankommen und sie uns vorher von der Laufbahn schmeißen würden, um endlich Feierabend machen zu können. In einer Gruppe von zehn Leuten bewegten wir uns zeitlupenhaft die Bahn entlang und stöhnten dabei so laut, als würden wir jeden Moment sterben. Ich rief Jakob, Bernhard und Bronek zu: «Los! Schneller! So kommen wir nie in die Hitlerjugend!» Wir kugelten am Boden vor Lachen. Trotz aller Bemühungen waren wir doch schneller als gedacht, deshalb ließen wir vier uns einen Meter vor der Ziellinie gemeinsam zu Boden fallen, als wären wir kollabiert. Anstatt uns zu helfen, wurden wir von genervten LehrerInnen zusammengeschrien und vom Sicherheitspersonal mit Gewalt übers Ziel geschleift.

Mehr Einsatz zeigten wir danach, als jeder Teilnehmer mit Nestlé-Produkten belohnt wurde. So schnell wir konnten, rannten wir zur Ausgabe, doch der Andrang war so groß, dass jeder von uns nur einen Schokoriegel abbekam. Eine riesige Enttäuschung: Die Snacks waren unser einziger Hoffnungsschimmer an diesem Tag gewesen. Die Schulklassen zogen nach und nach ab, und wir blieben noch ein bisschen länger im Park, um einen Joint zu rauchen und die uns unbekannte Parkanlage zu besichtigen. Als wir so dasaßen, sahen wir, wie die übrigen Säcke Süßigkeiten von den Spediteuren in einen Transporter verladen wurden. Wir fragten die Männer höflich, ob wir vielleicht einen der Säcke haben dürften. Die Typen waren entspannt und sagten, wir sollten uns einfach bedienen. Wir sprangen auf die Ladefläche und schnappten so viele Säcke Schokolade und Chips, wie wir tragen konnten. Wir liefen beladen wie die Weihnachtsmänner weg, die Muskeln weich wie Butter vor Lachen. In unserer Gier hatten wir uns etwas übernommen, das Zeug war schwer, und ständig fiel uns was runter, also verteilten wir die Ware in der U-Bahn, die Fahrgäste freuten sich. Dann fing es auch noch an zu regnen, und wir schleppten die aufgeweichten, immer schwerer werdenden Papiersackerl durch die Straßen. Unser Ziel war das «Joe's», eine neue Kneipe in der Nähe unserer Schule, die wir seit ihrer Eröffnung regelmäßig besuchten. Wir hatten das Joe's über einen Freund kennengelernt. Der Vorteil der neuen Spelunke war, dass sie schon in der Früh aufsperrte und wir direkt nach der Schule hingehen konnten, außerdem durfte man im Keller kiffen, und so zeckten sich die Jugendlichen der angrenzenden Gymnasien nach und nach dort ein. Wir teilten mit allen Anwesenden, den Kiffern, den alten Säufern und den Kellnerinnen, die fette Beute.

Das Joe's rettete uns nun über die immer kälter werdenden Nachmittage, die wir zuvor frierend im Park verbracht hatten. Es wurde unser neuer Stammplatz, die Votivwiesensaison war vorbei, und das Café Stadtbahn besuchten wir nur noch selten. Irgendwann kamen wir drauf, dass Kiffen im Stadtbahn eigentlich streng verboten war, Waltraut hatte es nur nie gemerkt, weil sie vom Zigarettenrauch angeblich keinen Geruchssinn mehr hatte. Das neue Beisl befand sich an einer Seitengasse der Währingerstraße, die ansonsten von erlesenen Einzelhandelsgeschäften gesäumt war. Eigentlich hätte das Joe's dort überhaupt nicht sein dürfen, aber es war da. Links vom Eingang war die Bar, an der ein paar Bezirksalkoholiker ab dem Vormittag die Zeit totschlugen. Zum Beispiel Hugo, der schielende Elektriker, immer im Blaumann, obwohl er arbeitslos war. Ulli, die Kindergärtnerin mit langen schwarzen, lockigen Haaren, oder Gino, ein Hüne von über zwei Metern mit einem langen Pferdeschwanz und einem Gesicht wie aus einem David-Lynch-Film, der irgendwas mit Computern machte. An der Ecke der Bar saß immer Ernstl, ein pensionierter Installateur, der schwul war, sich aber nie geoutet hatte. Er hatte schneeweißes Haar und ein freundliches Opa-Gesicht. Den jungen Burschen zahlte er gerne einen Drink, das machte ihn froh. Während Sarah und ich sofort verstanden, dass er homosexuell war, dachten unsere Freunde, er würde sie nur aus freundschaftlichen Gründen einladen. Die Typen waren es nicht gewohnt, ständig angemacht zu werden, und dementsprechend völlig naiv. Ulli, die Kindergärtnerin, war in Gino verliebt, das wussten alle, aber er wollte nichts von ihr wissen, dabei war sie eine verhältnismäßig gute Partie. Jeden Abend hing sie an seinen trockenen, kettenrauchenden Lippen. Hinter der Bar wachte Alex, der Wirt, von allen nur «der Joe» genannt. Er war angsteinflößend breit und sah genauso aus, wie man sich als Kind Räuber Hotzenplotz vorgestellt hatte. Um den Hals trug er eine dicke Goldkette und dazu ein Unterhemd, um damit seine dichten Brusthaare und seinen gigantischen Bizeps in Szene zu setzen. Seine schwarzen Locken hingen ihm bis auf die Schultern, er trug einen Vollbart und in jedem Ohr eine goldene Creole, wie ein Bilderbuchpirat. Weil meine Haare oft unfrisiert waren, nannte er mich «die klane Janis Joplin». Und wenn ich reinkam, begrüßte er mich: «Servas, Janis, wos derfs sein?» Ging man an der Bar vorbei, führten Stufen in den Keller, in dem die Währinger Jugendlichen abhingen. Es gab Dart, Tischfußball, Billard, Indianerdekor und Ledercouches. In der beschränkten CD-Sammlung der alten Jukebox spielten wir manchmal, wenn wir Kleingeld übrig hatten, Cypress Hill oder «Du schwoaza Afghane» von Wolfgang Ambros. Aus einem versteckten Hinterzimmer wurde

Haschisch verkauft, aber nur in Mengen, die wir uns mit unserem Taschengeld nicht leisten konnten. Außerdem wurde in großem Stil mit Kokain gedealt, aber das wussten wir damals noch nicht.

So ergab es sich, dass wir doch immer mehr Zeit mit Gleichaltrigen verbrachten. Vor allem eine Gruppe Burschen begegnete uns nun fast täglich. Sie waren aus einem Gymnasium ums Eck, das noch spießiger war als unseres. Während in unsere Anstalt vor allem das Bildungsbürgertum seine Kinder zur Disziplinierung schickte, waren es in ihrer Schule schon das Großbürgertum und Industrielle. Sie waren so großmäulig, wie man es nur in solchen Institutionen wird, und wollten sich in Diskussionen immer gerne gegenseitig überbieten. Für Sarah und mich war das eine willkommene Herausforderung. Wir liebten es, ihnen zu widersprechen und uns in Rhetorik und Argumentationen zu messen. Manche von ihnen waren politisch in der sozialistischen Jugend organisiert, zu der es uns auch immer öfter hinzog. Nach wie vor hatten wir Ambitionen, uns in Politgruppen zu engagieren, nach dem zweiten oder dritten Treffen wurde es uns aber meist zu langweilig. Die alten Trinker und die jungen Kiffer mischten sich selten, nur einer von der Bar kam hin und wieder zu uns getorkelt, setzte sich mitten in die Runde und begann, kryptische Monologe zu halten. Der Typ war Ende dreißig, hatte ein gerötetes Gesicht, meistens eine zerfranste Wollmütze auf und wurde von den anderen Gästen nur «Der Aids Michl» genannt. Er polarisierte im Beisl. Während sich die einen von seinen verdrehten Ausführungen provoziert fühlten, fanden ihn andere unterhaltsam. Wir gehörten zur zweiten Gruppe. Wenn ihn einer der eher brutalen Typen, die es dort auch gab, vor Wut in den Würgegriff nahm, weil er sie mal wieder vor den Kopf gestoßen hatte, griffen Sarah und ich ein und schrien, man solle ihn sofort loslassen. Wir freuten uns immer, wenn Michi sich zu uns auf die Ledercouches gesellte, und die Großmäuler (sie hießen Moritz, Konsti, Samuel und Jack) auch. Er schlug die Beine übereinander und redete galant rauchend wirr vor sich hin. Dabei lächelte er süffisant, als würde ihn die ganze Welt in ihrer Dummheit nur amüsieren. Seine besoffene Verrücktheit besaß eine ganz eigene Art von Verve, man konnte sich vorstellen, dass er in besseren Zeiten ein Dandy gewesen war. Er hangelte sich von einem Gedanken zum nächsten, seine Sprachkreativität dabei war aber unüberhörbar, und das regte uns zu allen möglichen Interpretationen an. Er kreierte Wortneuschöpfungen und machte leichtfüßige Wortwitze, die über den Tisch in die bekiffte Runde tänzelten, die sie freudig aufnahm. Michi stand zum Beispiel eines Abends da, schaute uns neckisch an und sagte: «Was ist wahrscheinlicher? Undenkbar wahrscheinlich oder denkbar unwahrscheinlich?» Während wir noch über eine passende Antwort nachgrübelten, unsicher, ob er einfach nur etwas daherbrabbelte oder ein genialer Gedanke zugrunde lag, redete er schon weiter. «Ich erzähle euch jetzt einen Witz, Kinder: Treffen sich zwei Relationen im Weltall, meint die eine: Du bist ja nur relativ.» Dann lachte er laut und lachte und lachte und sagte: «Ach, ihr lieben Nachkommen, ich bin nur noch ein Vorkommen.» Und plumpste zu uns auf die Couch. Seine Art zu sprechen färbte auf uns alle ab, wir probierten uns in verschwurbelten Michi-Aphorismen, und bald kannte er auch unsere Namen. Manchmal saß er auch einfach schweigend bei seinem Bier, beobachtete die Runde, und erst nach einer Stunde sagte er plötzlich: «Stefanie?»

«Ja, Michael?»

Er: «Das steht dir!»

Ich: «Was?»

Michael: «Das Kiffen. Du bist sehr talentiert darin.»

Noch heute sage ich in Erinnerung an Michi gerne unvermittelt zu Menschen, dass sie im Saufen, Rauchen oder was auch immer sehr talentiert wären. Es ist ein nettes Kompliment. Manchmal waren seine Aussagen zusammenhängender, wenig später wieder unnachvollziehbar. Sarah fragte ihn jeden Tag: «Na, Michael, wie geht's dir heute?» Und er antwortete mit verschmitztem Blick so was wie: «Meine Babys schrumpfen immer, ich weiß nicht, was ich falsch mach.» Oder er fragte unvermittelt in die Runde: «Kinder, hattet ihr schon die Reifeprüfung? Seid ihr reif oder schon faul?» Wir waren Fans. Trotz seiner Kaputtheit hatte er etwas Spitzbübisches. Er verstellte seine Stimme, bis sie ganz hoch war, und sagte: «Ich verbrenne mein Resthirn. Manchmal is es mir egal, manchmal nicht. Das wechselt sich ab im 4/4-Takt, wie das Wiener Herz.» Wir waren von nun an wirklich täglich im Joe's. Gleich nach der Schule bis zum späten Abend. Die Routine langweilte uns nicht, ganz im Gegenteil, wir liebten es, jede Person kennenzulernen, und notierten Michis Sätze in meinem Notizbuch, das ich immer zum Zeichnen dabeihatte: «Ich hab's mit dem Teufel, der Teufel hat mich. Aber immer wenn er auf Urlaub ist, geht's mir gut.»

«Ich wünsch mir zu Weihnachten eine Füllfeder. Eine gefüllte Feder!» Sarah: «Womit gefüllt?» Michael: «Melanzanigeschmack.»

Hin und wieder erwischten wir Michael auch in nüchterneren Momenten und waren überrascht, dass er im Grunde seines Wesens doch zurechnungsfähig war. Er erzählte uns, dass er HIV-positiv sei, daher auch der Spitzname: «Aids Michl». Angesteckt hätte er sich in San Francisco. «Da hatte ich meine schwule Phase.» In San Francisco, meinte er, hätte er Stadtverbot, er wissen aber nicht mehr, weshalb. Seine Kindheit hatte er bei den Wiener Sängerknaben verbracht, dann kam er ins Gymnasium. In dieser Zeit begann er mit dem Preisschnapsen. Er zog durch die Wirtshäuser und Nachtlokale und hatte beim Schnapsen ein gutes Händchen, er zählte die Karten und gewann immer wieder. Nach dreimal sitzenbleiben beschloss er aber, lieber nach Rom zu trampen und durch die Welt zu streichen. Auf diesen Reisen bestritt er seinen Alltag als Kleinkrimineller: mit Ladendiebstahl, Schwarzhandel, Versicherungsbetrug, illegalem Glücksspiel oder Schnorren.

Wenn Sarah und ich nach der Schule jetzt durch das

spießbürgerliche Währing spazierten, grüßten uns die seltsamsten Leute. Von Dealern, Alkis, Schizophrenen, Obdachlosen und Lokalbesitzern gab es ein fröhliches Hallo. Wir fühlten uns, als wären wir die örtlichen Sozialarbeiterinnnen.

Der Kellnerin Kathi war es egal, dass wir im Joe's stundenlang bei einer Limonade herumsaßen und kaum Trinkgeld geben konnten, sie hatte immer ein nettes Wort für uns übrig. Sie hatte lange schwarze Haare, meistens toupiert, und war am ganzen Körper tätowiert. Sowohl ihre Lippen als auch ihre Augen schminkte sie schwarz. Eines Tages kam sie mit einem gebrochenen Arm und einem blauen Auge in den Dienst. Uns erzählte sie, sie wäre gestürzt, aber im Lokal wusste man: Ihr Freund hatte sie wieder mal verprügelt. Für Sarah und mich war das eine unvorstellbare Grausamkeit. Wir wollten eine Armee zusammentrommeln, um sie zu rächen. Aber die Stammgäste im Lokal reagierten lethargisch.

Ich studierte gerne die Gäste, während sie regungslos bei ihren Bieren saßen. Ein Gast, der seit neuestem immer wieder auftauchte, war Marcel. Er war Anfang 20, und sein Gesicht war immer so angespannt, als würde es jeden Moment zerreißen. Seine Züge waren markant: eine spitze, lange Nase und Wangenknochen, die so aussahen, als könnte man sich daran schneiden. Zusammen mit dem kahlrasierten Schädel und dem mageren Körper wirkte sein Kopf wie eine Teufelsfratze. Meistens setzte er sich zu uns auf die Sofas, genau genommen hockte er mehr da, bizarr in sich selbst verschlungen wie ein Knoten. Er stieg spontan in unsere Gespräche ein und wollte mit uns philosophieren, blieb dabei aber in seiner eigenen Gedankenwelt gefangen, als wäre sein Gehirn ebenso verknotet wie seine Sitzhaltung. Sein Lieblingsthema war der «liebe Gott». Er sprach darüber hektisch, verhaspelte sich getrieben in den eigenen Formulierungen und zischte: «Das will der liebe Gott so.» Wenn er einen Joint drehte, sagte er: «Das Marihuana, das ist ein Geschenk, das uns der liebe Gott gemacht hat.» Dann legte er den Kopf auf seine Knie und starrte einen minutenlang aus geduckter Pose regungslos an, wie ein lauerndes Tier.

Wenn der Joint zu wirken begann, reckte er seinen kahlen Schädel wieder in die Höhe, und ein Redefluss brach aus ihm heraus: «Und dann war da ein Loch, und ich bin nur mehr gefallen, gefallen, gefallen. Ich bin gefallen wie ein Steini. Alles um mich herum ist an mir vorbeigesaust. Wusch! Wusch! Mein Herz hat gerast! Badumm, badumm, badumm!» (Dabei drehte er seine Hand wie besessen im Kreis.) «Weiter und weiter und weiter. Und auf der Baumgartner Höhe haben die Ärzte gemeint, jetzt musst du deine Buße tun, und ich wurde in einen kleinen Raum gesteckt. Der war so klein, dass ich kaum Platz hatte. Dann habe ich so viele Neuroleptika bekommen, bis ich hirntot war. Das haben sie aber nicht geschafft, und ich bin wie gegen eine Wand geprallt. Ganz fest. So richtig geprallt. Verstehst du: Bumm! BUMM!» Alles in seinem Gesicht zuckte dabei.

Ein anderer Gast, der sich regelmäßig zu unserer Runde gesellte, war Gabriel. Manche nannten Gabriel auch Gottfried oder Fritz. Gabriel war nur sein Künstlername, wie er sagte. Er nannte sich selbst so, weil er wie ein Engel zwischen Himmel und Hölle sei. Sarah behauptet heute, wir hätten ihm den Namen gegeben. Es wäre ein akustisches Missverständnis gewesen, und er hätte den Namen dann einfach behalten. An einer Hand hatte er nur zwei Finger, ein Contergan-Schaden. Das fiel einem aber erst beim zweiten Blick auf. Er war immer schwer betrunken und dabei euphorisch. Obwohl er über vierzig war, sah er aus wie Anfang dreißig, für einen schweren Trinker also recht frisch. Das ließ sich darauf zurückführen, dass er Quartalssäufer war. Er pendelte zwischen Irrsinn und bürgerlichem Leben. In seinen nüchternen Zeiten war er Verfahrenstechniker an der Technischen Universität Wien. Wenn wir ihn so auf der Straße sahen, erkannten wir ihn kaum wieder. Er war frisch rasiert, gepflegt, geradezu schick. Ein attraktiver Mann in Sakko und Hemd. In den Nächten des Suffs hingegen trug er einen langen Mantel, in dessen Innentasche er immer eine Flasche Schnaps stecken hatte, aus der er heimlich große Schlucke zu nehmen versuchte, die Heimlichkeit blieb aber ab einem gewissen Rauschlevel aus. Die ganze Smartness war dahin, und er hing verknautscht und verlottert da und schrie feierlich durch die Gegend. Sein Lieblingsmonolog, wenn er so richtig fett war, ging darüber, dass wir alle Genies sind. Seine Begeisterung kippte dann schnell in

Weinerlichkeit, und er begann, über sein eigenes Pathos zu heulen. Wenn wir ihn danach nüchtern auf der Straße trafen und «Hallo, Gabriel» riefen, grüßte er uns freundlich, aber peinlich berührt.

Die Schule blieb für mich eine einzige Last. Ich kam aufgrund der vielen Fehlstunden beinahe nirgends mehr mit. Sarah versuchte, mich zu motivieren, und kopierte mir ihre Mitschriften. Ich war sagenhaft chaotisch, die Hälfte meiner Schulbücher war, wenn ich sie nicht verloren hatte, komplett übermalt. Alles ödete mich unendlich an, während es mich gleichzeitig zornig machte. Die Schule war für mich ein System im Kleinen, das die Hässlichkeit der Welt im Großen abbildete. Jede kleine Ungerechtigkeit ließ mich an der ganzen Gesellschaft zweifeln. Ich fühlte mich ohnmächtig. Alles, was ich wollte, war zeichnen. Das Zeichnen hielt mich während des Unterrichts am Leben, neben der Aussicht auf die Nachmittage. Immer wieder wurde ich von Lehrern ermahnt, damit aufzuhören. Es war völlig schwachsinnig: Der Betrieb wollte mich loswerden, und ich wollte den Betrieb loswerden. Aber die wenigen Jahre bis zur Matura wollte ich meiner Mutter zuliebe noch durchdrücken.

Eines Vormittags schwänzte Sarah die Schule, weil sie Streit mit ihren Eltern hatte, und ging stattdessen ins Joe's. Sie schwänzte selten, das war ungewöhnlich für sie. Als ich sie nach der Schule anrief und fragte, wo sie stecke, meinte sie, sie sei bei Michael in der Wohnung. Ich war überrascht, dass sie einfach allein mit dem schrägen Typen mitgegangen war. Zu zweit war das ja was anderes. Sie meinte, sie hätte ihn nüchtern auf der Straße getroffen, und er sei anders als sonst gewesen, ein sehr aufmerksamer Gesprächspartner, der sich ihre Sorgen anhörte und ihr Dosenbier in einem kleinen türkischen Greißler spendiert hatte. Am Nachmittag stieß ich dazu. Tatsächlich sprach Michael klarer und zusammenhängender als je zuvor, war aber genauso unterhaltsam und gewitzt wie in seinen Vollräuschen. Er wohnte in einer 30-Quadratmeter-Erdgeschoss-Wohnung in einem Währinger Gemeindebau. Dort gab es eine Couch, eine Matratze, und in der Mitte am Boden stand ein Festnetztelefon, von dem er immer wieder telefonierte. Alles war sehr karg, ein einziges Fenster gab es, das in den Innenhof zeigte, die Nachmittagssonne schien rein und offenbarte den Staub, vorm Fensterbrett stand ein alter Gasofen. In einer Nische war eine kleine Küche und neben dem Eingang eine Toilette ohne Türe. Im CD-Player liefen gerade Lieder von Georg Kreisler, und Michael war gut gelaunt. In der ganzen Wohnung standen mindestens 30 leere Bierdosen, in einer Ecke saß der weißhaarige, dicke Ernstl mit seinem pausbäckigen, freundlichen Gesicht und murmelte betrunken vor sich her. Sarah saß grinsend da. Alle rauchten. Michi sagte: «Steffi, ich bin überrascht! Ich trage Asche am Haupt! Du kommst gerade richtig, wir wollten Bier kaufen gehen und haben kein Geld.» Ich hatte tatsächlich noch 10 Euro übrig, die natürlich uns allen gehörten, holte sie hervor, und wir spazierten in den Supermarkt. Ernstl wartete währenddessen in der Wohnung. Wenn wir mit Michael durch die Straßen gingen, was ab diesem Tag immer öfter vorkam, merkten wir, dass das ein komisches Bild ergab, die Währinger Kleinbürger schauten jedenfalls eher komisch. Zwei junge Mädchen und ein zerzauster Assi. Meistens trug er ein Dosenbier in der Hand, in jedem zweiten Währinger Beisl hatte er Lokalverbot. Er deutete auf das noble Restaurant «Anton Frank» und lachte: «Da hab ich Lokalverbot.» Er zeigte auf das «Sissis Stüberl»: «Da hab ich auch Lokalverbot.» Aber alles schien ihm auf eine fröhliche Art egal, als würde er von einer heiteren Melodie durch die Stadt getragen. Wenn er Lust dazu hatte, quatschte er fremde Menschen einfach an und versuchte, sie in raffinierten Metaphern vorzuführen. Spießer konnten damit nicht umgehen und fühlten sich beleidigt, Leute mit Gespür amüsierten sich über seinen poetischen Witz. Sarah fragte Michi: «Michi, was ist Zukunft?» Michi sagte, ohne nachzudenken: «Zukunft ist, die Vergangenheit vor vollendete Tatsachen zu stellen.»

Mit 15 Dosenbier bewaffnet, begaben wir uns wieder zurück in seine Wohnung. Es stellte sich heraus, dass Michael viel über Literatur und Musik wusste und voller Geschichten steckte. Zwischen den Bierdosen lagen auch viele Bücher herum: «Das Dekameron» von Boccaccio, «Die Blumen des Bösen» von Baudelaire, «Also sprach Zarathustra» oder «Der Zauberberg». Lesen sah ich Michi allerdings nie. Ab diesem Tag begannen wir, ihn täglich in seiner Wohnung zu besuchen, eine Ära brach an. Michael gefiel das, es holte ihn etwas aus seiner Depression. Nach und nach kamen immer mehr Jugendliche dazu. Wir saßen auf den Matratzen oder am Boden, bis zu 30 Leute kauerten sich in Sitzreihen in den kleinen Raum, diskutierten, und dazwischen schneiten die kuriosesten Besucher bei der Tür rein. Sein zweieiiger Zwillingsbruder, zu dem er nur sporadisch Kontakt hatte, kam zu Besuch und wirkte überrascht, als er plötzlich einen riesigen Haufen gutgelaunter Jugendlicher vorfand, viel zu viele für die kleine Wohnung. (Er kam von da an häufiger.) Michis Bruder war kräftiger gebaut und vitaler als Michi, trank gern mal ein Bier, aber stand ansonsten im Leben. Um Michi war er grundsätzlich besorgt. Er führte ein Cateringunternehmen, das vor allem Filmsets versorgte, und hatte in der Vergangenheit immer wieder versucht, Michi dort kleine Jobs zu besorgen. Jedes Mal stellte Michi aber irgendeinen Unsinn an. (Als er bei den Requisiten vorbeigekommen war, in denen gerade ein großer Korb frisch polierter Äpfel vorbereitet lag, biss er jeden Apfel einzeln an und legte ihn wieder zurück.) Jahre später erzählte sein Bruder mir, Michi sei schon als Fünfjähriger heimlich aus dem Wohnung geschlichen und hätte zu seinen Brüdern gesagt, er würde jetzt ihr Taschengeld aufbessern. Er hätte bei den Nachbarn geklingelt, um ihnen zu erzählen: «Unsere Eltern geben uns nichts zu essen. Hätten Sie ein bisschen Geld?» Die fünfhundert ergaunerten Schilling teilte er mit seinen Brüdern. Er war schon von klein auf so, wie wir ihn kennengelernt hatten.

Irgendwann schneite überraschend auch Michaels Mutter vorbei, von der wir bis dahin keine Vorstellung gehabt hatten, wie von seiner Familie überhaupt. Mittlerweile wussten wir sogar, dass er noch einen zweiten Bruder hatte.

An diesem Nachmittag also brach eine rüstige 60-jährige Dame aus dem Waldviertel in den Raum wie ein Wirbelsturm, stapfte herrisch durch die kleine Wohnung und nörgelte über Michaels Lebensstil, die Unordnung und über seinen seltsamen Umgang (damit meinte sie in dem Moment Sarah und mich). Michael beruhigte sie und kicherte. Sie räumte mit einem großen Müllsack in der Hand alle Bierdosen weg, und als sie ging, schüttelte ich ihr zum Abschied höflich die Hand, um meine Anständigkeit unter Beweis zu stellen, und sie rief: «Pfui Teufel, Sie haben ja fürchterliche Schweißhände.» Angeblich hatte sie schon oft versucht, sich das Leben zu nehmen, und sich einmal, so erzählte Michael, ein Messer direkt in die Brust gerammt.

Der natürliche Feind unseres Alltags als Flaneure, also Schulschwänzern und Kiffern, war die Polizei. Immer musste man auf der Hut vor ihr sein, besonders natürlich beim Drogenkauf. Wir hatten nach wie vor keine guten Privatdealer, keine sogenannte Connect und waren noch immer auf die Hittn angewiesen. Eine davon war das «Café Gipsy Baron». Es war eine der ältesten Hittn Wiens und daher generationsübergreifend beliebt. Altkiffer, Junkies, Gangster, Bürohengste – hier waren die Klienten diverser als an anderen Orten. Eigentlich wurde diese Art von Lokalen in regelmäßigen Abständen zugedreht, kaum eines hielt sich länger als ein Jahr, und dann musste man durch Mundpropaganda wieder Alternativen finden. Auf das Gipsy war allerdings seit 20 Jahren Verlass, da schien es einen Deal mit der Polizei zu geben. Das kleine Kellerlokal am Nussdorfergürtel war eine Institution, blieb aber immer eher eine Notlösung, weil es viel teurer war als kurzfristig existierende Hittn, die sich erst einen Ruf erwerben mussten. Hier wurde man selbstbewusst über den Tisch gezogen. Auf mich wirkte es daher viel krimineller als die anderen Etablissements. Die Dealer, die KellnerInnen, die Klientel, alles schien mafiöser und hierarchischer. Das Prinzip war dabei eigentlich dasselbe wie überall: Kellerstiege runter, freien Platz suchen, Lipton Eistee Pfirsich bestellen, sitzen, warten, nacheinander schweigsam zum Dealer schleichen. Einmal ging die Tür auf, und drei Polizeibeamte betraten das Lokal. Mein Herz blieb fast stehen. Sie verlangten nach meinem Schülerausweis, notierten meinen Namen und schickten mich wieder raus. Ich durchschaute das Procedere nicht und stellte mir vor, wie nun ohne die Barbesucher der Bestechungsdeal für die nächsten Monate ausgehandelt wurde. Den Kiberern wurde eine Line Koks gelegt und von der Kellnerin einer geblasen, all inclusive. Wir kauften aus finanziellen Gründen selten mehr als zwei Gramm, was im schlimmsten Fall auch keine unangenehmen Konsequenzen hatte. Anfang des Monats und kurz nach Weihnachten hatten alle in Michaels Wohnung Geld, und wir lebten wie die Könige (Ottakringer statt Gambrinus). Die Älteren steckten uns ihre Sozialhilfen zu, die jüngeren das, was ihnen das Christkind gebracht hatte. Zweihundert Euro in kleinen Scheinen, so viel Geld hatte ich überhaupt noch nie in der Hand gehabt.

Jakob (weil er am ältesten aussah) und ich (weil ich am motiviertesten war) machten uns auf in die Dämmerung, um zwei Deka, also 20 Gramm, Weed zu kaufen. Das hatte strafrechtlich schon höhere Relevanz, wir fühlten uns wie Großdealer, Mr. und Mrs. Nice. Ich erinnerte Jakob auf dem Hinweg, dass wir das Baggy in der Jackentasche halten mussten, damit wir es schnell wegwerfen konnten, falls es zu einer Kontrolle kam: «Okay?» So hatte es Sarah uns von Anfang an eingetrichtert. Sie hatte mir, von ihren großen Brüdern geschult, viel beigebracht in dieser Hinsicht: Praxis, Theorie und Etikette. Als wir alles erledigt hatten und die blaue Leuchtschrift des Café Gipsy Baron schon hinter uns ließen, erspähten wir ein paar hundert Meter weiter ein Polizeiauto. Fuck. Aber vielleicht waren wir ihnen egal? Ich drückte meine Schweißhände fest um das prallgefüllte Baggy. Wir gingen weiter, als hätten wir uns nichts zuschulden kommen lassen, mit lockerem Schritt und unbekümmertem Blick. Da wendete das Auto und blieb mit entschlossenem Bremsen genau neben uns stehen. Die Polizisten riefen: «Halt! Bleibt's stehen, ihr zwei!» Wir gingen weiter, als hätten wir nichts gehört. Warum sollten die auch uns meinen, schließlich hatten wir uns in unserem jungen Leben noch nichts zuschulden kommen lassen. «Stehen bleiben, hamma gsagt.» Die Autotüren öffneten sich. Ich wollte nur noch ein paar Meter weiter, zum rettenden Gebüsch am Straßenrand. Als die zwei Kiberer nur noch wenig von mir entfernt waren, ließ ich das Plastiksackerl lautlos in den Busch fallen. Ein Polizist packte mich an der Schulter, ich drehte mich überrascht zu ihm um. «Was hamma denn da drin grad gemacht?», fragte der Kiberer in der ersten Person Plural, wie Kontrollbeamte es immer machen, weil sie halt überall gerne dabei wären. Meine Knie schlotterten. Ich merkte, wie sich Schweiß auf meiner Stirn sammelte. Jakob machte keinen Mucks. Er schaute drein, als würde er gerade seinen Körper verlassen. «Was meinen Sie, wo drin?», stellte ich mich dumm, und meine Stimme rutschte dabei drei Tonlagen höher. «Was habt ihr denn gekauft in dem Lokal?» Ich fühlte mich mädchenhafter als je zuvor, auch wenn ich mich gendermäßig sonst eher den Landstreichern zurechnete. Aber jetzt fiel mir wieder ein, dass ich ein 15-jähriges Mädchen war; ich war nur noch Östrogen, ohne Piercings, weiß und blauäugig, mit frisierten Haaren, meine rote Daunenjacke strahlte Durchschnittlichkeit aus, so sahen keine Kriminellen aus. Ich versuchte, das Engelhafteste aus meinen Zügen hervorzukehren, meine Wangen röteten, meine Pupillen weiteten sich, und ich sagte: «Wir haben nur einen Eistee getrunken.» Ich hätte vielleicht noch lispeln sollen. Mein größtes Laster war der Appetit auf Limonade! Der Polizist schaute mich ernst an: «Habt's ihr in dem Lokal Drogen gekauft?» «Nein. Wir gehen manchmal da rein und trinken was. Wir treffen uns hier zum Reden.» Ich spürte im Blick des Beamten erste Zweifel an unserer Kleinkriminalität und kam in Fahrt: «Wir haben überhaupt kein Geld für Drogen. Wir gehen ja noch zur Schule.» Ich konnte nicht fassen, was ich da von mir gab, ich war auf Autopilot, merkte aber, dass die zwei Polizisten tatsächlich langsam davon überzeugt waren, dass wir uns in der bekanntesten Drogenhütte Wiens zum Safttrinken trafen. Unsere Rucksäcke durchsuchten sie dennoch. Ich machte gedanklich zügig Inventur:

Buntstifte, Schulhefte, ein kleines Radio. Als ich mich schon sicher zu fühlen begann, dämmerte mir, dass sich noch ein paar Reste Weed in meiner Zigarettenpackung befanden. Ich fingerte das in Zellophan eingewickelte Krümelchen Gras aus der Manteltasche und schnippte es ins Gebüsch, während die Polizisten mit meinem Rucksack zu tun hatten. Was für ein genialer Coup. Erst danach wurden wir aufgefordert, unsere Manteltaschen zu leeren. Der Polizist zog die Zigarettenpackung aus meiner Tasche, durchsuchte sie und gab sie mir zurück. «Na guat, daun geht's vielleicht besser zu McDonald's als in so Gürtellokale», meinte der fast väterlich. Jakob und ich durften gehen, steif vor Adrenalin marschierten wir um ein paar Straßenecken. Sobald die Kiberer außer Sichtweite waren, fielen wir uns in die Arme. «Ich pack's nicht, Steffi», lachte Jakob. «Was du für einen Scheiß geredet hast.» Erleichtert liefen wir zurück, wir flogen fast und erzählten allen in Michis Wohnung von unserem Abenteuer. Sarah meinte jedoch, wir könnten uns nicht einfach so geschlagen geben, schließlich wäre unser Geld sonst futsch. Also machten Sarah und ich uns wieder auf den Weg. Sie stand Schmiere, während ich mich auf den Gürtel schlich. In der Dunkelheit war wenig zu sehen, aber das fette Baggy lag noch unbeschadet da und leuchtete mir grün entgegen. Ich schnappte es, lief zu Sarah, und wir rannten lachend weg. Als wir keuchend in Michis Wohnung ankamen und stolz die Drogen präsentierten, wurden wir den Rest der Nacht gefeiert wie die Heldinnen, die wir waren.

In der sechsten Schulstufe machte jede Klasse eine Sprachreise. Für die 6B war das Reiseziel Irland, eine Woche davon war ein Sprachkurs, für die zweite Woche war eine Rundreise geplant. Mit Sarah, Jakob, Bernhard und Bronek versprach das eine gute Zeit zu werden, der Rest der Klasse war mir egal. Ich fand die meisten nett, aber hatte längst den Bezug zur Klassengemeinschaft verloren. Wir fünf hatten aber immer Spaß, gerade wenn es besonders fad war, sprudelte unsere gemeinsame Kreativität wie eine endlose Quelle des Blödsinns. Erwartungen hatten wir keine, aber es war klar, dass wir, wie überallhin, einen guten Proviant Gras mitnehmen würden: Nach Sarahs Anweisungen führte ich mir circa zwei Gramm in ein Kondom verpackt in die Vagina ein. Angenehm war das nicht, aber wir wollten gewappnet sein für die rauen, irischen Nächte, und es schien uns als einzige Möglichkeit, das Weed durch sämtliche Sicherheitschecks zu schleusen. Ich betete den ganzen Flug, dass sich kein britischer Drogenspürhund in meiner Scheide verbeißen würde. Die Adrenalinschübe bei den Kontrollen steigerten unsere Vorfreude. Als wir endlich im Bus nach Dublin saßen, schlugen Sarah und ich ein und entfernten im Busklo die unangenehmen Würste. Von Dublin ging es nach Bray, einem kleinen Küstenort mit verschiedenen Sprachinstituten, wo am Parkplatz schon unsere Gastfamilien in Form einer Gruppe älterer Ehepaare wartete. Jakob, Bernhard und Bronek wurden einem alten, rotgesichtigen Seebären zugeteilt, Sarahs und meine Gasteltern waren ein Ehepaar um die fünfzig: sie eine kleine, dünne, ruppige Hausfrau mit Kurzhaarschnitt, er ein großer, stämmiger, pensionierter ... Polizist. Auf dem Rundgang durch das Haus erklärte uns die Frau, dass das gesamte Einfamilienhaus mit einer Alarmanlage abgesichert war. Nachts dürfe man das Fenster nicht öffnen, denn wenn man den Flügel ein paar Zentimeter zu weit kippe, würde eine schrille Glocke die Nachbarschaft wecken. Wir waren in Alcatraz. Nach dem Abendessen beschlossen wir dann doch, es darauf ankommen zu lassen. Wir setzten uns aufs Bett, und Sarah drehte grinsend den Willkommensjoint. Der Polizist schnarchte im Nebenzimmer so laut, dass es uns beruhigte. Der Wachhund war betäubt. Ganz sacht bliesen wir den Rauch durch den winzigen Fensterspalt in den Nachthimmel. Mit kleinen roten Augen kicherten wir uns in unsere Polster, während wir versuchten, den irischen Akzent nachzumachen. Obwohl es in Bray malerisch war, erschien es uns wie der wahrscheinlich grauenhafteste Ort in ganz Irland. Die Bewohner – vor allem die Jugendlichen – wirkten frustriert. Alle waren blass und schauten einander ähnlich, als wären sie Cousins und Cousinen, die Familien mit ihren Cousins und Cousinen gegründet hätten. Sie trugen Jogginghosen, schauten böse, und wenn wir abends am Meer irgendwelche Gruppen heiter ansprachen, um sie kennenzulernen, endete es meistens damit, dass wir in rauem irischem Akzent ein «FUCK OFF» entgegengeschrien bekamen. Das U wurde dabei nicht wie ein A, sondern wie ein deutsches U ausgesprochen. Irgendetwas stimmte hier nicht, alle wirkten vom Leben verprügelt. Es schien in Bray auch nichts zu tun zu geben, und um 22:30 Uhr mussten wir wieder zu Hause sein. Die ersten zwei, drei Tage erlebten wir wenig, und das hätte uns vielleicht deprimiert, wäre die Landschaft nicht so magisch gewesen. Die Sprachschule befand sich direkt am Atlantik. Kräftige Wellen, knallblauer Ozean und grasgrüne Wiesen. Alles schien zu strahlen, als hätte jemand mit einem Bildbearbeitungsprogramm den Kontrast stärker gestellt. So verbrachten wir die erste Zeit kiffend am Kieselstrand, Sarah und ich sprangen in den eiskalten Atlantik, und uns blieb fast die Luft weg. Man hört ja viel über das Licht in Irland, das satte Grün und die Klippen kannten wir von Fotos, aber mit eigenen Augen betrachtet war es überwältigend schön, und stoned wurde es immer ärger. Ein dankbarer Rahmen für unsere selige Dichtheit.

Mitte der ersten Woche lernten wir unseren Gastbruder kennen: Enzo, einen 18-jährigen Italiener in engen Jeans und Poloshirt. Schick, bestimmt reich, bestimmt etwas doof. Wir erwarteten nicht viel von ihm, er war Nichtraucher und sein Style von oben bis unten «prime and proper», als hätte ihn seine Mutter angezogen. Er lebte seit drei Monaten bei der Gastfamilie. Sein Vater finanzierte das alles. Zur Begrüßung salutierte er immer vor uns, was ich ansprechend schrullig fand.

Die Tage verbrachten wir mit Englischunterricht, und abends saßen wir am Strand. Jakob, Bronek und Bernhard hatten liberalere Ausgehzeiten, durften kommen und gehen, wann sie wollten. Ihr Gastvater hatte ihnen sogar eine Kiste Bier ins Zimmer gestellt. So kam es, dass wir am zweiten Abend schon die Zeit vergaßen und eine Stunde zu spät bei der Gastfamilie eintrafen. Unsere Gastmutter war aufgrund unserer Verspätung völlig hysterisch. Sie sei kurz davor gewesen, die Polizei zu rufen, schrie sie uns entgegen. Dabei war die Polizei doch längst da. Als Strafe hätten wir für den Rest der Woche Hausarrest. Wir fanden die Aufregung völlig übertrieben, weder Sarah noch ich ließen uns ja gerne etwas sagen, und hatten Probleme, uns zurückzuhalten. Irgendwann sagte Sarah: «You are not my fucking mother.» Das verzieh sie uns nicht und beschwerte sich bei unseren Lehrerinnen. Nachdem uns Jakob, Bernhard und Bronek wieder runtergeholt hatten, probierten wir es mit unterwürfigem Schleimen und Entschuldigungen, aber die Gastmutter wurde nicht weich. Enzo hatte Mitleid und zeigte vollen Einsatz für uns. Er ließ seinen ganzen Italo-Charme spielen und beredete sie so lange sanft, bis wir wieder ausgehen konnten. Letztendlich durften wir sogar mit Enzo um die Häuser ziehen, solange er auf uns aufpasste. Die Gastmutter schien sehr viel für ihn übrigzuhaben, und nun war er auch eindeutig unser bester Freund. Wenn wir gemeinsam das Haus verließen, dankten wir ihm Tausende Male. Am vierten Tag fragte er, ob wir mit ihm und seinen spanischen Freunden an den Strand wollten. Das waren alles ältere, berufstätige Typen, die zum Arbeiten nach Irland gekommen waren. Sie kellnerten oder waren Küchenhilfen. Die Gruppe saß rund um ein Lagerfeuer und trank Bier, sie waren süß und zu alt. Sie boten uns Ecstasy an, aber wir waren junge, standfeste Hippies, die bei solchen Angeboten sagten: «Wir nehmen nur Sachen aus der Natur! Keine Chemie!» Meistens meinte dann irgendein Freak «Im Hirn is' alles Chemie, Mädels, scheißts euch nicht an», aber die süßen Typen hier ließen uns unsere Meinung. Ich trank lieblichen Weißwein, Enzo spielte Gitarre, und die Spanier kuschelten sich zum Sound der Wellen lächelnd in ihre Serotonin-Räusche. Um vier Uhr früh spazierten wir gemeinsam nach Hause. Das war der letzte Abend in Bray. Wir umarmten Enzo zum Abschied, und er salutierte ein letztes Mal.

Am nächsten Tag ging die Rundreise an der irischen Westküste los. Das bedeutete, dass wir 60 % des Tages im Bus verbringen würden. Zuerst rang uns das wenig Begeisterung ab. Die Natur betörte uns aber schnell so, dass wir jedes Mal wie glückliche kleine Kinder zurück in den Bus hüpften, und das, obwohl unser Gras schon längst aus war. Wir fühlten auch so sehr viel. Der «Ring of Kerry» kam mir vor wie einer der schönsten Orte meines damaligen Lebens. Ich stand an einer Klippe mit einem weiten Blick über den Ozean. Am Rand saß ein Mann mit rundem Gesicht und Bartstoppeln auf einem Klappsessel und spielte Akkordeon. Am Boden neben ihm kauerte ein kleiner Typ in zerlumpter Kleidung. Der Akkordeonist stellte ihn vor: «This is the richest man of Kerry.» «The richest man of Kerry» war ausgemergelt und spielte mit zwei Babyziegen, die zur Musik über ihre eigenen Beine stolperten. Ich fühlte mich wie in einem der wenigen Arthouse-Filme, die ich bis jetzt gesehen hatte. Es war ein Moment größter Freiheit. Im Bus zurück zur Herberge klebten wir sehnsüchtig an der Fensterscheibe. Sarah sagte: «Ich will hier nie wieder weg.» Im Bus begann Sarah allerdings auch immer wieder zu weinen, weil sie gerade Liebeskummer hatte. Martin, ein gutaussehender Typ aus dem Joe's, mit dem sie einen mehrmonatigen Flirt hatte, wollte sie nicht mehr treffen. Sie hatte mir wenig darüber erzählt, aber es traf sie sehr hart. Die meiste Zeit verbrachten wir trotzdem mit Lachen.

Die Rundreise dauerte vier Tage, zwei Nächte davon schliefen wir in Killarney und zwei weitere in Galway, zwei kleinen, bilderbuchhaften Studentenstädten. Die Abende gehörten uns, und wir vertrieben sie uns damit, auf irgendeinem Parkplatz zu sitzen, Gitarre zu spielen und Bertolt-Brecht-Lieder zu singen, die Bronek sich beigebracht hatte. Wir grölten gemeinsam «Das Einheitsfrontlied». Dazwischen spielte er Nirvana, Rage Against the Machine oder System of a Down. Sarah und Bronek sangen dann zweistimmig, und wir anderen hörten andächtig zu. Das mehrstimmige Singen war ein Relikt aus der Steinerschule, das sie uns anderen vergeblich versuchte beizubringen. Ich grölte lieber. Um elf mussten wir zur Zimmerkontrolle in der Jugendherberge sein. Sarah und ich legten uns ins Bett, das Licht wurde abgedreht, die Physiklehrerin kam vorbei und wir sagten besoffen «Gute Nacht». Wenn es ruhig wurde am Gang, zogen Sarah und ich uns wieder die Jacken an und kletterten aus dem Fenster. Wir standen auf der Straße und hatten überhaupt keinen Plan, was man in der kleinen Stadt machen könnte. Die Pubs sperrten um 23 Uhr zu, alles war ausgestorben. Wir spazierten ziellos vom Gelände der Herberge und grüßten jeden, der uns begegnete. Vor dem Gebäude stand ein Auto, und wir riefen durchs offene Fenster: «Good evening, Sirs.» Drinnen saßen drei Typen Mitte zwanzig. Sie fragten uns auf Englisch, ob wir mitfahren wollten. Ohne zu zögern, antworteten wir: «Yes, of course!», öffneten die Türen und machten uns auf dem Rücksitz breit. Was für eine perfekte Fügung. Kaum hatten wir uns hingesetzt, überreichten uns die Typen ein Bier und stellten sich vor. Es waren Grafikdesigner aus Lettland und Litauen; mein damaliger Traumberuf. Sie sahen cool aus und waren gerade auf Irlandurlaub. «What kind of music do you want to hear?», fragten sie und drehten das Radio auf. Das war uns egal, wir zündeten uns Zigaretten an, und sie fuhren mit uns los in die Stadt. Wir erzählten ihnen, dass wir auf Schulreise waren, und sie erklärten uns fachmännisch verschiedenste Sehenswürdigkeiten. Angetrunken erklärte ihnen Sarah, dass sie und ich eines Tages die Welt verändern würden. Die beiden fragten uns, ob wir vorher noch einen Wasserfall sehen wollten. Natürlich wollten wir das. Und so fuhren sie mit uns weiter in die Dunkelheit, bucklige Waldwege entlang, bis zum Killarney Lake. Es hätte der Anfang eines Horrorfilms sein können, aber wir vertrauten ihnen aus einem Bauchgefühl heraus. Ich sagte sogar noch zu Sarah: «Es war die urgute Idee, zu fremden Typen ins Auto zu steigen.» In dem Moment reichten sie ein Haschpfeifchen nach hinten. An einer Wiese hielten sie an, um von dort aus zu Fuß weiterzugehen. Sie pflückten Sarah und mir jeweils ein kleines Blumensträußchen. Der Nachthimmel war voller Sterne, und sie gaben sich alle Mühe, uns zum Lachen zu bringen. Kurz vor eins fuhren sie uns wieder in die Herberge zurück. Sie schenkten uns ihre letzten Zigaretten, wir verabschiedeten uns und stiegen über das Fenster, das wir offen gelassen hatten, wieder in unser Zimmer ein. Am nächsten Tag erschien das Ganze wie ein Traum.

Die Iren, die wir in den nächsten Tagen abends auf Wiesen und Parkplätzen kennenlernten, waren freundlich und bestätigten doch unseren Verdacht, dass Bray einer der unwirschesten Orte Irlands war. Den letzten Abend vertrieben wir uns in einem öffentlichen Park. Sarah und Jakob hatten Bier dabei, ich trank billigen, deutschen Wein namens «Liebfrauenmilch», den es hier überall zu kaufen gab. Er war süß genug, dass ich ihn runterbekam. (Ich war im Saufen noch nicht geübt, und die meisten Getränke waren mir zu bitter.) Bronek und Bernhard tranken nie, sie waren brave junge Männer mit häuslichen Freizeitbeschäftigungen wie Computerspielen, sonst trafen wir uns außerhalb der Schule kaum. Wir saßen auf einem Hügel und schauten über die Landschaft, sammelten große Stücke Pappe, die dort herumlagen, setzten uns drauf und rutschten den Hügel hinunter. Dann machten wir daraus ein Lagerfeuer. Zwei Typen, deren Aufmerksamkeit wir erregt hatten, stießen zu uns: Derek und David, zwei irische Junkies mit roten Haaren, die aussahen, als wären sie direkt dem Film Trainspotting entstiegen. Sie sangen uns gälische Folksongs vor und spuckten ins Feuer. Bronek hatte sich eine kleine Plastikflöte gekauft, auf der er dazu spielte. Derek und David schmissen immer mehr Plastikmüll ins Feuer, bis plötzlich eine riesige Stichflamme in den Himmel schoss. Die kleine Flöte schmolz und war nun ganz schief. Derek schrie: «I am so sorry.» Mit seinen spärlich vorhandenen Zähnen versuchte er, sie wieder gerade zu biegen. Waren sie anfangs noch lustig, wurden sie mit der Zeit latent aggressiver. Sie diskutierten darüber, ob sie lieber Sarah oder mich ficken wollten. Ihre Verrohung machte uns langsam nervös, und wir ergriffen lieber die Flucht. Von weitem beschimpften sie uns noch als «Cunts». In dieser Nacht teilten Sarah und ich das Zimmer mit drei Vorzugsschülerinnen aus unserer Klasse, die noch nie getrunken oder geraucht hatten. Alle drei hießen Julia und führten diese Art von überbehütetem Leben, wie man es nur an einer konservativen Schule wie unserer vorfand: Lernen, Musikunterricht, Tanzschule. Wir waren aufgedreht und rechneten damit, sie zu stören, aber sie wurden gut von uns unterhalten. Im Grunde waren sie schlau und humorvoll, sie trauten sich nur nichts. Vor allem bei einem Thema verstanden wir uns prächtig. Ich fragte sie, ob sie Nicole nicht auch für einen durch und durch schlechten Menschen hielten. Aus einer der Julias brach es heraus: «Danke, dass das endlich jemand sagt! Sie hat mich jahrelang gemobbt.» Nicole hatte sie wegen ihrer Locken «den Pudel» genannt und drei Klassenstufen lang mit einem Bellen begrüßt. Man hatte das Gefühl, dass im Grunde niemand das Mädchen leiden konnte, aber auch keiner Lust hatte, als Nächstes dran zu sein. Auf dieser Reise wurde sie aber langsam sozial isoliert. Eigentlich waren die Julias cool. Wann würden sie bloß zu leben beginnen? Die drei legten sich brav um elf Uhr schlafen, während wir auf der Suche nach Abenteuern wieder durch die Jugendherberge streiften. Es war mir unverständlich, wie man sich – ohne Angst, etwas zu verpassen – einfach hinlegen konnte. Sarah pfiff die Anfangsmelodie von «Pink Panther». Außer unserer Schulklasse war die Herberge gefüllt mit französischen Tourismusschülern, alles Typen in unserem Alter. Wir hatten am Vortag kurz mit ihnen auf der Feuertreppe gekifft. In dieser Nacht fingen sie uns bald am Gang ab, und wir gingen mit in eines ihrer Zimmer. Wir wurden bestaunt wie exotische Objekte. Alle waren spitz auf uns und zeigten das offen, es war wie ein köstliches französisches Buffet. Die Burschen, die wir kannten, waren meistens eingeschüchtert von uns, und es war eine Abwechslung, von 20 hübschen Franzosen gleichzeitig angebraten zu werden. Ihre plumpen Komplimente hätten uns in Wien möglicherweise genervt, aber der französische Akzent machte sie heiß. Sie hatten eine Flasche Jägermeister und Haschisch, und irgendwann hatten Sarah und ich jeweils einen um den Hals.

Der letzte Ausflug der Reise führte zurück nach Dublin. An unserem letzten Tag bekamen wir die Aufgabe, mit Passanten Interviews über Irland führen. Unsere kleine Clique ging mit einem Klümpchen Hasch, das uns die Franzosen zum Abschied geschenkt hatten, in den nächsten Park, um einen Joint zu rauchen. Wir wollten waach in den Himmel schauen und uns die Interviews einfach ausdenken. Als wir in der Sonne herumlungerten, schnorrte uns ein Obdachloser um eine Zigarette an. Sein Name war Steve. Wir beschlossen spontan, das Interview mit ihm zu machen. Er sagte, wir sollten ihn einfach «Steal» nennen. Seine Antworten verstanden wir aufgrund der Mischung aus hartem irischem Akzent, betrunkenem Lallen und Zahnlosigkeit schwer.

«What do you like about Dublin?», fragten wir eifrig mit gespitzten Bleistiften in der Hand. Er blickte mit seinen geröteten Glupschaugen einige Sekunden sinnierend in den Himmel und rief bestimmt: «The boooads!»

Wir: «Which boats?»

«No boats, the booaaads.»

Wir wussten nicht, was er meinte. Er zeigte in den Himmel: «The little booarddies, flying in the sky!»

Die Beschaffung von Alkohol war in Irland immer ein

kleines Problem für uns gewesen, alles wurde strenger kontrolliert als in Wien. Aber jetzt kannten wir ja Steal. Wenn er mittrinken dürfe, tue er uns den Gefallen gern. Als er mit zwei Weinflaschen und drei Dosenbier bepackt zurückkam, stellten wir fest, dass wir gar keinen Korkenzieher hatten. Steal kannte natürlich einen Trick: Er legte die Daumenspitze an und drückte so fest gegen den Verschluss, bis sein Fingergelenk rechtwinkelig abstand. Es sah so aus, als würde der Daumen jeden Moment in der Mitte auseinanderbrechen. Beim Zusehen biss ich die Zähne zusammen. Aber es funktionierte, ploppte, und der Korken schwamm im Wein. Nun suchte er auf der Wiese einen kleinen Zweig und drückte den Korken nach unten, während er die Flasche ansetzte und einen gierigen Schluck nahm. Dabei floss ihm der Wein ins Gesicht und über sein Kinn auf seine Jacke und sein Hosenbein herab. Er leckte sich genüsslich die Lippen und lächelte glücklich. Er wollte uns die nasse Flasche weiterreichen, aber wir schenkten sie ihm. Wir tranken uns durch den irischen Nachmittag, bis es Zeit für die Rückkehr zum Flughafenbus war. Den Lehrerinnen fiel unser glasiger Blick gar nicht auf. Erst im späteren Alter wurde mir bewusst, dass Lehrpersonal auf Klassenreisen meistens selbst die meiste Zeit betrunken war.

In Wien war Michael mittlerweile im Krankenhaus. Genauer gesagt war er auf der «Baumgartner Höhe». Die Baumgartner Höhe war in Wien als psychiatrisches

Krankenhaus bekannt. Eine Aidsstation und eine Lungenheilanstalt gab es auch. Er hätte also auf verschiedene Stationen gepasst. Michael nahm sich auf der Baumgartner Höhe bei einem stationären Entzug regelmäßig eine Art Auszeit. Er kündigte es immer wie einen kleinen Urlaub an, wenn er sich zwei Wochen auf die Baumgartner Höhe begab. Dort residierte er dann am Balkon der Jugendstilpavillons wie ein Landgraf und empfing seine BesucherInnen. Es kamen Stammgäste aus dem Joe's, die Besucher seiner Wohnung, alte Freunde und manchmal auch seine Brüder. Man brachte ihm Schokolade und Zigaretten. Das machte er ein- bis zweimal im Jahr, doch es war mein erstes Betreten einer psychiatrischen Heilanstalt. Ich war überrascht, wie hübsch es war. Mitten im Wienerwald befinden sich die von Otto Wagner gestalteten Pavillons mit großzügigen Terrassen, auf denen die Patienten den ganzen Tag rauchten. Wenn man dabeisaß und über das Gelände blickte, konnte man hin und wieder sogar ein Reh vorbeilaufen sehen, und Michi sagte: «Schau, Steffi, ein Reh auf Reha!» So ausgenüchtert war Michael eine noch angenehmere Gesellschaft. Für seinen brüchigen Lebenslauf hatte er erstaunlich viele zuverlässige Freunde. In seiner Gegenwart fühlte sich alles auf eine heitere Art egal an, als wären alle Ambitionen lächerlich. Als wäre das alltägliche Leben um uns, die Berufe, die Familien, die Liebe, die Konflikte nicht mehr als ein amüsanter Sketch. Täglich war jemand da, quer durch alle Altersklassen. Sarah und ich kamen gemeinsam an. Wir gaben Michi ein Päckchen Gauloises und eine Tafel Schokolade, er hatte uns darum gebeten, weil er meinte, dass er keine Zigaretten mehr hätte. Als wir sie ihm überreichten sagte er: «Danke, Kinder, das is ganz lieb von euch», und legte das Päckchen auf einen riesigen Haufen aus Zigarettenpackungen und Schokoladetafeln. Er saß gerade mit einem alten Schulfreund auf der Terrasse, Rainer. Sie kannten einander, seit sie elf waren. Rainer war groß, stämmig, hatte eine Brille, ein dreckiges Lachen und immer eine Jeansjacke an. Sein Äußeres war unauffällig, er hätte auch ein Zivilbulle sein können. Seinen Lebensunterhalt verdiente Rainer, indem er mit Antiquitäten und Kokain handelte. Michi aß Apfelstrudel und spielte mit Rainer Schach. Wir rauchten mit ihm auf der Terrasse. Rainer erzählte von einem bekannten Musiker, dem er gestern Koks vorbeigebracht hätte. Dann hätten sie eine Prostituierte bestellt. «Die war so leiwand drauf. Sehr lustig und eine richtige Drecksau.» Sarah und ich warfen einander belustigt-schockierte Blicke zu. Michi schwelgte derweil in seiner Vergangenheit. Mit Ende zwanzig war er eine Zeitlang durch Ägypten gereist. In Kairo lernte er während einer durchzechten Nacht eine wohlhabende ältere Frau kennen. Sie beauftragte ihn, im Casino für sie einige hohe Beträge am Roulettetisch zu setzen. Nachdem er mehrmals verloren hatte, behauptete sie, er hätte ihr die Jetons gestohlen. So saß Michi drei Monate lang in einem ägyptischen Gefängnis, ohne Kontakt nach Österreich. Irgendwann trat er in einen Hungerstreik, bis die österreichische Botschaft ihn aus seiner Lage befreite. Eine schwierige Zeit. «Das war so arg da, das könnt ihr euch gar nicht vorstellen.» Das schönste Gefängnis, schwärmte er, sei in der Schweiz. In Wien war er auch manchmal im Gefängnis gewesen. Das lag meistens daran, dass er behördliche Briefe immer wegwarf, bis die Polizei vor seiner Tür stand. Dann musste er kleine Strafen absitzen. Einmal hatte er während seiner Haft im «Landl» bei einem Preisausschreiben einer Tageszeitung mitgemacht und ein Auto gewonnen. Nachdem er entlassen wurde, holte er direkt das Auto. Er hatte zwar keinen Führerschein, aber fuhr die kurze Strecke zum nächsten Autohändler, um es zu verkaufen. Mit dem Geld mietete er sich im Schlosshotel Wilhelminenberg ein. Er lud alle Freunde ein, zahlte Getränke, Essen und Drogen. Nach zwei Wochen hatte er das Geld verprasst und ging zurück in seine Wohnung. In Österreich galt Michi aber mittlerweile als haftuntauglich. Wir wussten nicht genau, wie er das angestellt hatte, aber er erzählte es immer, als hätte man ihm eine amtliche Aufforderung zur Narrenfreiheit ausgestellt. Haftuntauglichkeit klang sehr erstrebenswert.

Seine Mitpatienten saßen mit dabei und rauchten auch. Viele waren schwer auf Medikamenten, ganz langsam, das Rauchen schien sie richtig anzustrengen, und einige konnten sich kaum artikulieren. Manchen floss der Speichel unaufhörlich auf die Krankenhaushemden. Auf der Baumgartner Höhe wurden die Patienten nach Wohnbezirken auf die Pavillons aufgeteilt. Fast alle, die mit Michi in dieser Abteilung waren, wohnten ansonsten in seiner Nachbarschaft. Das war natürlich praktisch, falls man Kontakt halten wollte. Ein Typ mit fettigen langen Haaren setzte sich zu Michi und fragte ihn um eine Zigarette. «Schau, Robert, das sind die Sarah und die Steffi.» «Hallo», sagte Robert schwerfällig. «Die Steffi will auch mal Malerin werden», erzählte Michi noch. Robert war Künstler und versprach mit monotoner Schwere, mir seine Aquarelle zu zeigen, die er hier in der Therapie gemalt hatte. Ich schaue mir immer gerne Bilder an und begleitete ihn auf sein Zimmer. Sarah, Rainer und Michi begannen währenddessen zu schnapsen. Die Zimmer waren groß, gefliest und erinnerten an Wartehallen. Insgesamt standen sechs Betten im Zimmer. Robert schlurfte zu seinem und holte eine Zeichenmappe hervor. Ich schaute mich im Zimmer um. Eines der Betten war von oben bis unten mit einem Netz verhangen. Es wirkte wie ein weicher Käfig. Darin lag ein abgemagerter, nackter Mann mit struppigem, langem Bart. Er rührte sich nicht. Seine Beine waren verkrampft ineinandergeschlungen, und er hing an mehreren Infusionen. Seine Augen waren weit aufgerissen, als wäre er hellwach. Er wimmerte wie ein sterbendes Tier in den verzweifeltsten Lauten, die ich je gehört hatte. Erschrocken ließ ich Robert stehen und lief wieder raus zu den anderen. Zu Sarah sagte ich: «Das war so arg da drinnen, das muss ich dir nachher erzählen.» Ansonsten war es ganz unterhaltsam auf der Psychiatrie, man kam schnell ins Gespräch, die Leute waren alle sehr zugänglich. Ihre sedierte Beschwingtheit nahm ihnen alle Filter. Hier hatte wohl niemand das Bedürfnis, sich zu verstellen, dazu war die Situation zu offenbarend. Alle wirkten wie auf Urlaub von den Anforderungen des Lebens.

Als Michi wieder draußen war, besuchten Sarah und ich ihn weiter fast täglich. Wir fühlten uns dort einfach pudelwohl. Immer wieder luden wir Freunde ein mitzukommen und kündigten unsere Besuche dort an wie einen interessanten Salon: «Kommts mit zum Michi, es is urcool dort, er is echt ein flashiger Typ.» Wir schafften es eines Tages sogar, Bernhard und Bronek zu überreden, die sonst eher Stubenhocker waren. Als wir mit den beiden ankamen, saß Michi gerade in Boxershorts auf seiner vergilbten Matratze. Weil er vom Kettenrauchen Durchblutungsstörungen hatte, trug er Stützstrümpfe, aus denen seine geröteten Waden quollen. Er begrüßte uns fröhlich ohne Gebiss. Mit Ende dreißig hatte er schon falsche Zähne, und wenn er sie manchmal noch nicht drin hatte, wirkte er gleichzeitig wie ein alter Mann und ein Säugling. Neben ihm stand ein Dosenbier, die Nüchternheit des Psychiatrieaufenthaltes hatte nicht lange angehalten. Als Michi Bronek und Bernhard willkommen hieß und ihnen ein Bier anbot, lehnten sie dankbar ab. Die beiden wollten doch lieber wieder in den Park gehen. Es war spürbar, dass sie die Schönheit dieses Ortes nicht so sahen wie wir. Sarah fragte Michi, ob er mitkäme, aber er war schon wieder auf dem Level einer betrunkenen Sphinx und antwortete: «Sarah! Im Grunde kennt der Fragende die Antwort schon genau, bevor er sie stellt.» Trotzdem fing er an, sich zusammenzupacken, schlüpfte in seine Jeans, warf einen Pulli über, schob sich die Beißerchen rein, setzte sich eine bunte Wollmütze auf und sagte: «Auf Krücken in den Dschungel.» Michi hatte meistens einen kleinen Rucksack dabei, in dem seine Biere waren. Den Rucksack hielt er immer nur am Daumen, lässig über die rechte Schulter geworfen. Der Park war vier Straßenbahnstationen entfernt. In den Währinger Verkehrsmitteln saßen am frühen Nachmittag vor allem gutbürgerliche PensionistInnen und strahlten Währinger Beschaulichkeit aus. Wenn Michi aufkreuzte, war das immer eine Irritation. Er hielt sich mit beiden Händen an der Haltestange über seinem Kopf fest. Mit einer für seinen Zustand erstaunlichen Agilität machte er einen geschickten Hüftaufschwung. Jetzt baumelte er kopfüber von der Decke wie eine betrunkene Fledermaus. Er winkte aus dieser Position den Währinger Senioren zu und fragte: «Warum passt die Ewigkeit mehr auf sich auf als die Sekunde?» Ich strahlte vor Bewunderung und dachte mir: «Für Michi ist die Welt wie ein Spielplatz.»

Wenn in der Früh mein Wecker läutete, war meine Mutter schon in der Arbeit. Ich wusste, ich sollte in die Schule, aber nichts daran schien sinnvoll. Ein Teil von mir wollte aufstehen, ein anderer Teil nicht. Immer öfter gewann der Teil, der lieber liegen blieb. Die Lehrer machten mir das Leben eh schwer, durch meine Fehlstunden wurde es nicht leichter. Es war ein Teufelskreis. Selbst wenn ich aufstand und Richtung Schule ging, drehte ich auf der Hälfte des Weges um und spazierte stattdessen ziellos durch die Stadt. Gegen Mittag kam dann meistens ein schlechtes Gewissen. Es wäre leichter gewesen, wenn die Schule erst mittags begonnen hätte. Vor meiner Mutter verheimlichte ich das. Aber ich spürte, dass sie spürte, dass ich spürte, dass sie merklich nervöser wurde, was meinen Lebenswandel betraf. Ich hatte weniger Sorgen um meine Zukunft, wollte aber auch niemanden belasten. Die Arbeitslosen und Verrückten, die mich in meiner Freizeit umgaben, vermittelten mir das Gefühl, dass ihr Weg auch ein legitimer Lebensentwurf sein könnte. Manchmal war ich aber auch betrübt. Vielleicht öfter, als ich mich erinnern will. Ein gewisser Hang zur depressiven Verstimmung zeichnete sich immer mehr ab. An besonders schlechten Tag machte ich ausgiebige Spaziergänge, am liebsten am Wasser. Gewässer fingen depressive Stimmungen gut auf, und Traurigkeit wurde neben der Donau zu beschwingter Melancholie. Ich hörte «Die rettende Kavallerie» von Element of Crime und fand nichts wahrhaftiger und richtiger, als mich ins Beisl zu setzen. Nach einem dieser Spaziergänge wollte ich ein bisschen Gras kaufen. Die nächstgelegene Hittn, von der ich in dieser Gegend wusste, war das Cheers, von serbischen Roma geführt. Ich spazierte in die kleine Gasse, in der sich das Lokal befand. Vor dem Cheers standen zwei Jugendliche und ein Student. Als ich sie fragend anschaute, sagte einer: «Hat zu. Vielleicht Razzia.» Der Student verwickelte mich gleich in ein Gespräch. Er sprach Englisch und fragte, ob ich ein anderes Lokal kennen würde. Ich kannte in der Nähe nichts, also schlug er vor, im Park gemeinsam einen Joint zu rauchen. Wir plauderten und er machte mir gleich Komplimente. Er sagte, dass man sofort merke, dass ich einen wachen Geist hätte. Das schmeichelte mir. Er erzählte, er sei Philosophiestudent aus Mailand und lebe seit einem halben Jahr in Wien. Das klang eigentlich alles ganz scharf. Wenn ich wollte, könnte ich noch mit zu ihm. Der frühe Nachmittag hatte nichts Interessanteres zu bieten, Sarah und Jakob waren noch in der Schule, also spazierte ich mit ihm zu einem Wohnheim in Floridsdorf. Wir betraten das riesige Gebäude, fuhren in den dritten Stock und gingen in ein kleines Zimmer. Am Weg hatte mein Interesse etwas nachgelassen, er kam mir immer schmieriger vor, seine Komplimente empfand ich als manipulativ, und die kahle Stelle auf seinem Kopf, die mir erst jetzt auffiel, ließ ihn viel älter erscheinen als am Anfang. Ein bisschen von seinem Gras wollte ich aber doch noch gern haben. Er sagte, er teile die Wohneinheit mit einem anderen Studenten. Wir setzten uns in ein kleines Wohnzimmer. Über dem Fernseher hing ein geknüpfter Wandteppich, der eine nackte, vollbusige, blonde Frau zeigte. Mein Ständer war dahin. Ich kaufte dem Typen wirklich nichts mehr ab. Wir stießen mit einem Glas Rotwein an, währenddessen baute er noch einen Joint. Ich trank selten Rotwein und fand den Geschmack seltsam, fast medizinisch, und nippte eher daran. Nach wenigen Minuten fühlte ich mich unangemessen besoffen. Als er anfing, mich zu küssen, ließ ich mich in seine Arme fallen und machte mit, ich war ganz weich. Als er aber begann, sich auf mich zu legen, wurde ich wieder klarer und wollte nur weg. Er probierte, mich zu überreden, mit ihm zu vögeln. Ich hätte ihn doch so geil gemacht, aber jetzt stand ich auf. Er hielt mich an den Hüften fest und bettelte mich an zu bleiben. Jetzt riss ich mich los und verließ die Wohnung. Als ich aus dem Gebäude auf die Straße trat, wurde mir erst richtig bewusst, wie zugedröhnt ich war. Die Sonne schien hell, und die Stadt knallte mir surreal gegen die Stirn. Wo war ich überhaupt? Ich fragte eine Passantin, wo sich die nächste U-Bahn-Station befand, und als ich wie betäubt in die Richtung ging, die sie mir gezeigt hatte, wurde mir klar, dass der Typ mir etwas ins Getränk gemischt haben musste. Ich rief Sarah an und meinte, ich würde nicht genau wissen, was mit mir los sei. «Oh fuck, Steffi, ich komm sofort, sag mir, wo du bist. Wart einfach auf mich, ich komm so schnell, wie's geht.» Ich beschrieb ihr die U-Bahn und ließ mich auf eine Parkbank fallen. Eigentlich war der Rausch gar nicht so schlecht, jetzt, wo ich ihn akzeptiert hatte. Zehn Meter von der Realität entfernt, begann ich Gespräche mit wildfremden Menschen. «Was ist die Zukunft?», fragte ich eine

Gruppe 13-jähriger Türken, die mich für völlig wahnsinnig hielten. Sarah rauschte wie ein rettender Engel heran, flößte mir Wasser und Bananen ein, und als ich mich besser fühlte, fuhren wir gemeinsam zu Michi. Nach zwei Stunden dösen auf der Couch fühlte ich mich langsam wieder normal.

Mein Freundeskreis wuchs. Manchmal besuchten wir jetzt sogar Plätze außerhalb unseres gewohnten Grätzls. Ein Mädchen, das immer öfter dabei war, war Johanna. Sie hatte lange schwarze Dreadlocks mit eingeflochtenen Silberperlen, hörte nur Death Metal und hatte einen einnehmenden, haifischartigen Blick. Meistens wollte sie über ernste Dinge reden. Sie fragte dann mit tiefer Stimme «Wie geht's dir?», und es klang so, als würde sie ganz genau wissen wollen, wie es einem eigentlich wirklich geht, ganz tief drinnen, in den finstersten Winkeln der Seele. In ein Gespräch mit ihr wurde man tief hineingezogen wie in einen dunklen Bann. Wenn sie mich auf diese Art befragte, kamen automatisch alle Traumata hoch, die in einem brodelten: Trennungsstreits der Eltern, Entblößungen als Schulkind, die ersten Doktorspiele. Hatte ich vorher eher die Welt um mich bestaunt, begann ich durch sie, mein Seelenleben zu reflektieren. Einer ihrer Lieblingsplätze war das «Wohnzimmer». Das Wohnzimmer waren ein paar Parkbänke, die am zentral gelegenen Schwedenplatz herumstanden und seit Jahrzehnten ein Treffpunkt für Obdachlose, Punks und Assis waren. Rund um den Platz war das Bermudadreieck, eine Exzessviertel für besoffene Teenager im ersten Ausgehalter, die in ihren Stöckelschuhen kaum vorwärtskamen und Tequila in Metern bestellten, um danach in Schwällen vors Lokal zu speiben. Vom Wohnzimmer aus konnte man das Geschehen beobachten und dazu von den umliegenden Würstelständen Dosenbier holen. Die Bereitschaft zu Schlägereien war größer als im ruhigen Währing. Es war wie ein Zirkus, den wir erhaben betrachteten.

Nach kurzem Sitzen brachen vor unserer Nase schon die ersten Konflikte los. Zwei Naziskins mit Bomberjacken und Springerstiefeln, wie man sie heute kaum noch sieht, wollten einander direkt umbringen. Der eine hatte den andern im Schwitzkasten und rammte ihm unbeholfen das Knie ins Gesicht. Das Blut spritzte. Johanna und ich, beide noch überzeugte Pazifistinnen, standen auf, um dazwischenzugehen, während Jakob sich unsichtbar machte. «Hey kommts, hört auf! Chillts!» Ich schaute einem in die Augen. Mädchengesichter zu sehen wirkte auf solche Viecher im Blutrausch erfahrungsgemäß beschwichtigend. Wir hatten im Gegensatz zu Jakob keine Sorge, eine in die Goschn zu bekommen. Wirr und wankend lösten sie sich aus der Prügelei. Johanna fragte die beiden, wie sie hießen, um die Deeskalation weiterzuführen. Einer hieß Rico, der andere Ronnie. Interessiert fragten wir weiter. Wie alt sie wären, was sie noch vorhätten. «Wir sind ausm Zehnten.» Sie wurden ruhiger, bekamen ein Bier und setzten sich zu uns. Nazi Ronnie öffnete sich schnell und erzählte uns, dass er nach schwerer Körperverletzung gerade aus dem Gefängnis entlassen worden wäre. «I bin oba sicha boid wieda durt», sagte er irgendwie bekümmert. Ich fragte ihn: «Findet ihrs wirklich so geil, euch mit Leuten zu schlägern, anstatt einfach gmiadlich abzuhängen?» Rico darauf: «Was brauch ich mich mit allen verstehen? Ich liebe es zu gewinnen!»

«Aber was gewinnst du denn?»

Wahnsinn. Wir waren wie Psychologinnen.

Ronnie erläuterte: «Es is einfach geil, jemandem in die Goschn zu hauen. Entweder ich gewinn, und wenn net: Dann lern ich was dazu! Der Freddie, das is der Häuptling bei uns im Zehnten. Der schlägt dich einfach so. Aber net so auf Boxn, net mit Technik, verstehst. Ohne Deckung oder so. Der geht einfach voll auf dich los. Der schlagt auf dich ein, bisd am Boden liegst, und dann schlagt a noch weiter, und wennst des überlebst, dann host was dazuaglernt.»

Ronnie kam richtig ins Schwärmen: «Die Häuptlinge san a Wahnsinn. Richtig leiwande Typn. Ihr Mädels verstehts des net. Wenn ich ein Messer hab, und jemand stänkert mich an, schlitz ich ihn halt auf. Ich bin ein Psychopath, ich weiß, ich war schon immer ein Psychopath.» Wir nickten verständnisvoll und waren wohl kurz davor, ihnen über die Glatze zu streicheln. Rico, der ein Taschentuch gegen seine blutige Nase drückte, genoss unsere Aufmerksamkeit: «Mei Voda hot sich aufghängt. I bin mit drei ins Kinderheim gekommen. Ich bin erst

28, und i wart eigentlich nur mehr aufs Sterben. Ich will nimmer!»

Ronnie sagte: «Auf nach Walhalla.» Rico begann zu weinen, er holte Fotos von seinem Sohn aus der Brieftasche. Wir wollten eigentlich langsam weiter vors Flex, den Club am Donaukanal, vor dem sich Wiener Jugendliche sämtlicher Subkulturen trafen, wo noch andere Freunde warteten, aber Ronnie war anhänglich: «Nehmts mi mit, bitte!» Er stapfte hinter uns her. An der ersten Ampel fiel er von hinten auf uns drauf. Wir wichen zurück. Er lag jetzt mit dem Gesicht am Boden und wand sich wie ein sterbendes Tier. Ich war mir sicher, dass er vor uns verrecken würde, und holte mein Handy hervor: «Ich ruf die Rettung, die soll sich um den kümmern.» Als er sah, dass ich das Handy in der Hand hielt, packte er mich ums Fußgelenk und schrie: «I bring di um, wennst di Rettung ruafst, du blede Hua.» Dann rappelte er sich wieder auf und torkelte zurück auf die Parkbank im Wohnzimmer, wo seine Nazifreunde noch immer saßen. Von weitem schluchzte Ronnie jetzt: «Ihr geht's einfach? Ihr lassts mich einfach da? Bitte geht's net! Bleibts doch bitte noch ein bissl bei mir. Mir is ja urfad allein ...» Wir flüchteten uns die Treppen runter zum Donaukanal. Jakob sagte: «Müssts ihr echt immer so hinige Typen ansprechen.» Johanna widersprach: «Die sind doch arm, ich mein, hast eh gehört, was die schon alles durchgemacht haben. Die hatten nie eine Chance.» Ich meinte: «Das war doch urgeil. Wie in dem Ärztelied.»

Die ersten Frühlingstage waren da, und ich setzte mich mit Doro und Irmi vors Flex. Doro und Irmi gingen in die Parallelklasse, hörten FM4 und waren sehr schlau. Wir kannten uns schon lange, hatten uns aber nach meinem Schulwechsel aus den Augen verloren. Nun waren die beiden immer öfter mit Sarah, Jakob und mir unterwegs, und auch sie fühlten sich in Michis Wohnung wohl. Beim Flex trafen wir uns eigentlich nur zum Davorsitzen. Alle, die wir kannten, taten das. Die Punks, die Hippies, die Indieleute, die Hiphopper, die Raver. Es war erst 20 Uhr, deshalb waren noch kaum Leute da, nur ein paar Gestrandete, also die Dealer und die seltsamen Vögel. Doro, Irmi und ich wurden sofort von ihnen umschwirrt wie Toastbrote von ausgehungerten Straßentauben. Ein kleiner blonder Typ mit Halbglatze kam auf uns zu und wollte etwas zu kiffen. Wir kannten ihn vom Sehen. Er verkaufte im Burggarten sonst immer günstiges Dosenbier. Er setzte sich zu uns und machte sich wichtig. Er erzählte, dass er gerade an Filmsets beim Catering arbeite. «Mädels, wenn ihr mal einen Film drehen wollt, ich hab urviele Tipps für euch.» Die nächste Gestalt, die dazustieß, nannte sich «Rossino» und sah aus wie ein Kokser-Stereotyp aus den 80ern. Seine schwarzen Haare waren zurückgegelt und von einer Sonnenbrille gehalten, dazu trug er einen weißen Anzug mit großen Schulterpolstern und Verschleißerscheinungen. Er nannte uns «Ladys». Doro, Irmi und ich bekamen einen Lachanfall und hießen alle willkommen. Rossino hatte einen jungen Marokkaner dabei, der ihm auf Schritt und Tritt folgte. Er war zwei Köpfe kleiner, sprach kein Wort und schlich wie ein Schatten hinter ihm her. Dabei blickte er stets wachsam, als müsse er Rossino vor Feinden warnen. Rossino bekam einen Anruf, sagte: «Sorry, Ladys, is was Geschäftliches.» Und schon waren er und der Marokkaner wieder verschwunden. Den nächsten Auftritt hatte ebenfalls jemand, den wir schon von der Votivwiese kannten. Er trug ein Kappi, hatte einen leichten Buckel, immer ein Skateboard unterm Arm, auf dem er nie fuhr, und eine zentimeterdicke Hornbrille. Sein Name war «Der Maulwurf», und er fragte, ob wir vielleicht was zum Rauchen hätten. Der Alltag des Maulwurfs bestand darin, den ganzen Tag durch Wien zu schlurfen und Gras zu schnorren. So hatten wir ihn überhaupt erst kennengelernt. Er war wohl so Ende zwanzig und immer allein unterwegs. Wenn er was zum Rauchen fand, setzte er sich hin und starrte uns Mädchen schweigend an. Am intensivsten betrachtete er unsere ausgelatschten Sportschuhe. Er biss sich auf die Unterlippe, war sichtlich erregt. Da er ansonsten unauffällig war, tolerierten wir ihn meistens.

Ein überdrehtes Mädchen mit einem bauchfreien T-Shirt kam an unserer Bierbank vorbei. Sie fragte, ob noch Platz wäre. Sie stellte sich als «Sabsi» vor und begann zu erzählen: «Ich wohn in einem Dorf, Oida, weißt eh, Oida. Da gibt's nix, Oida. Da wohnen nur Skins und Gabbers, Oida, Oida, ich hab drei Fetzen im Zeugnis, ich werd durchfliegen, Oida, ich fahr fast jeden Tag daher,

Oida.» Sie wirkte, als hätte sie seit Tagen nicht geschlafen. Der Maulwurf war sofort verliebt und begaffte ihre schmutzigen Converse. Sabsi fragte, ob er eine Wohnung hätte, Oida. «Wennst willst, könn ma ficken gehen, Oida.» Der Maulwurf schaute erschrocken, wie man es von einem verängstigten Nagetier erwartete. Sabsi nahm ihn an der Hand, und sie verschwanden. Zum Abschied sagte sie noch: «Wir gehen jetzt ficken, Oida, hahaha.» Rossino kam wieder zurück, mit dem spähenden Marokkaner geduckt hinter sich. Sie setzten sich wieder zu uns, und Rossino stellte eine Flasche Sekt auf den Tisch: «Für die schönen Ladys.» Doro sagte: «Danke, du bist echt ein Gentleman.» Und Irmi: «Wir Ladys lieben Champagner.» Von unserer fröhlichen Champagnerrunde angelockt, kam jetzt ein braun gebrannter Typ und fragte im Salzburger Dialekt: «Wissts ihr, wo i a Koks griag?» Er hatte in seiner Heimatstadt gehört, dass man hier vor dem Flex alles bekäme. Rossino winkte ihn zu sich und sagte, er könne ihm gerne was besorgen. Für wie viel denn? Der Salzburger gab ihm vertrauensvoll einen 50-Euro-Schein. Rossino und der Marokkaner verschwanden und kamen nicht wieder zurück. Einen Tisch weiter setzte sich jetzt ein Gitarrenhippie hin und begann, «Space Oddity» von David Bowie zu spielen. Doro, Irmi, ich und alle seltsamen Figuren, die noch übrig waren, sangen innbrünstig: «This is ground control to major tom Im stepping through the dooooooor. And I'm floating in a most peculiar waaaaaaay», und der Salzburger sagte: «Des is dem Bowie sei bestes Liadl.»

Die Gäste in Michis Wohnung vermehrten sich wie die Kaninchen. Regelmäßig kamen Benni, Max, Irmi, Sabrina, Daniel, Konsti, Samuel, Moritz, Jack, Sarah, Doro, Ernstl, Gerhard, Gino, Johanna, Jakob, Leo, Bernie, Claude, Jutta, Rainer, Gerhard und ich. Täglich wurden es mehr, und es wäre schwer möglich, auf alle einzeln einzugehen. Auf jeden Fall war es voll. Manche Besucher waren nicht ganz so gut unter Kontrolle zu bringen. Jemand, der stundenlang für Chaos sorgen konnte, war «der blonde Herbert». Michi hatte ihn vor ein paar Jahren bei einem seiner Psychiatrieurlaube kennengelernt, die beiden hatten sich sofort blendend verstanden. Herbert war circa 1,90 m groß, und wenn er wieder mal durchdrehte, nahm das viel Raum ein, alles krachte. Sein Look war in seiner Verrücktheit immer stylish. Er trug zum Beispiel häufig ein Sex-Pistols-T-Shirt, Birkenstockschlapfen, die er silberfarben lackiert hatte, pinke Socken, knappe Hot Pants, aus denen immer wieder mal ein Ei rutschte, und darüber einen langen weißen Laborkittel, der auf seine Vergangenheit als Wissenschaftler hindeutete. Er war um die 50, hatte lange, blonde Locken – Engelshaar –, ein teigiges Gesicht, das mit einem dünnen, medikamentenbedingten Schweißfilm überzogen war, der ihn schimmern ließ, und starre blaue Augen, die immer weit aufgerissen waren. Sein Standardausdruck war ein manisches Grinsen. Er hatte eine schwere bipolare Störung und war schon lange nicht mehr arbeitsfähig. Bevor seine Krankheit überhandnahm, hatte er als Physiker an der Universität Wien gearbeitet. In seinem Ausweis stand ein doppelter Doktortitel: einer für Mathematik und einer für Physik. Als ich ihn das erste Mal sah, stürmte er gerade in Michis Wohnung, ging zielstrebig zum Kühlschrank und schüttete sich lachend einen Liter Milch über den Kopf, bis er ganz weiß war. Er leckte sich genüsslich die Lippen und sagte: «Ich bin ein Kälbchen.» Seine Art zu sprechen war gepresst und monoton. Gemeinsam zogen Michi und er um die Häuser, und wenn sie zurück in die Wohnung kamen, hatten sie meist Dinge mit, die sie von der Straße aufgelesen hatten: große Topfpflanzen, Sessel, Verkehrsschilder oder kuriose Menschen. Michi kicherte vergnügt, und Herbert schrie vor Lachen. Michi erzählte uns, dass Herbert ihm einmal eine Spritze gegeben habe, einfach so. «Weil du schlimm warst», lachte Herbert wie jemand, der bei einem harmlosen Streich ertappt worden war. Und Michi sagte: «Ich habe dann zwei Tage geschlafen.»

Im Sommer verbrachte Sarah einige Wochen in der Schweiz, und ich fuhr mit Johanna und Jakob nach Amsterdam. Die Stimmung war ausgelassen. Die Stadt war überlaufen mit Stonerkids aus ganz Europa. Sie schlurften mit roten Augen von Coffeeshop zu Coffeeshop und schoben sich Frittiertes in ihre ausgetrockneten Münder. Die Dreadlocks wucherten durch die kleine Stadt wie Unkraut. Wir übernachteten am Campingplatz «Zeeburg», der an einer Bucht des Markermeers lag. Es war eine Zeltstadt junger Menschen, die in kleinen Grüppchen vor sich hinvegetierten. Die Stimmung war ruhig, weil fast niemand sprach. Nie wieder im Leben habe ich so viele alternative Jugendliche und so wenig Partystimmung auf einmal erlebt. Sex, Drugs and Rock 'n' Roll wurden zu Phlegma, Hasch und Schokobons. Die jungen Leute schleppten sich wie betäubte Schildkröten durch das Areal. Man lernte überhaupt niemanden kennen, schnorrte höchstens in schwerfälligen Dialogen Papers, Filter, Zucker oder Pfeffer voneinander. Man dämmerte ohne Körperspannung vor sich hin und bestreute sich das Toastbrot mit Schokohagel. Täglich nahmen wir uns vor, etwas zu unternehmen. Johanna las uns Sehenswürdigkeiten aus Prospekten vor. Ständig verschoben wir alles auf morgen. Einmal, erinnere ich mich, schafften wir es in ein Museum für moderne Kunst und kauften uns zur Belohnung anschließend hawaiianische Pilze in einem kleinen Headshop. Niemand von uns hatte bis jetzt Psilocybin genommen. Ich war abends zu müde für das Drogenexperiment und schlief zu den Didgeridooklängen des Nachbarzeltes ein, während Johanna und Jakob die bitteren Schwammerl kauten und sich auf den Trip begaben. Als ich in der Morgensonne aufwachte, kehrten die beiden gerade zurück. Mit ausladenden Gesten berichteten sie mir von ihren schillernden Erlebnissen. Ihre verstrahlten Gesichter waren begeistert wie die von Kindern, die hinter einer geheimen Zaubertür ein Wunderland entdeckt hatten. «Steffi, es war so cool, du musst das unbedingt auch mal probieren», sagte Jakob. «Ich hab so viel gelacht.» – «Das Meer war wie flüssiges Silber, und überall waren Muster», schwärmte Johanna. «Mah. Na geh.» Ich ärgerte mich, alles verpasst zu haben. Übermutig und unerfahren beschloss ich, die übrige Portion Pilze alleine zu essen und alles nachzuholen. Jakob ging schlafen, und Johanna versprach, mit mir wach zu bleiben. Sie öffnete sich eine Flasche Rotwein und setzte sich zu mir auf eine Wiese. Mit Schmetterlingen im Bauch wartete ich auf die Wirkung. Nach einer halben Stunde begannen die Grashalme, aktiver zu werden und sachte zu tanzen. Johanna wurde betrunkener und konnte meinem empfindsamen Zustand nicht mehr folgen. «Ich fühl mich, als hätte ich alle Gedanken auf einmal», sagte ich zu ihr und merkte, dass ihr alles immer egaler und mir alles ein bisschen zu viel wurde. Überall waren Menschenmassen. Johanna lallte mit ihren rotweinblauen Lippen und einer gigantisch roten, pulsierenden Trinkernase, die in ihrem Gesicht zu wuchern begann. «Wir könnten ja endlich mal Postkarten schreiben», schlug sie vor. Ich war nicht mal sicher, ob mein Blut noch floss, und betastete meinen Puls. Dann hatte ich ein Gefühl, als ob ich mich gerade anschiss. Hatte ich meinen Körper noch unter Kontrolle? «Ja, urgute Idee. Schreiben wir allen Postkarten!» Das beruhigte mich wieder. Eine ganz normale Tätigkeit ganz normaler Menschen. Ich war ganz normal. Postkarten schreiben machte Sinn, das machte man im Urlaub, das war okay. Die Dreadlocks der Kifferkids, die an uns vorbei zum

Frühstück schlurften, sahen aus wie Würmer, und das Gewässer, an dem wir saßen, wirkte auf mich wie ein Sumpf, der von stinkenden Trollen bevölkert war. Die Menschen waren Kobolde. Die Perspektiven krümmten sich. Aber Postkarten schreiben würde helfen. «Schreiben wir dem Michi eine!» Johannas Trinkernase machte mich völlig fertig, sie sah aus wie ein Cartoonsäufer aus einem Disneyfilm. Ich diktierte ihr Sätze über unsere Reise, brach aber immer wieder mittendrin ab, weil sich irgendwo etwas regte. Mir wurde immer unbehaglicher zumute, und ich bat Johanna darum, mir etwas zu essen zu suchen. Essen würde bestimmt helfen. Mit der Weinflasche in der Hand stellte sie sich mit mir vor einen Hot-Dog-Stand, während ich mit weit aufgerissenen Augen alle Menschen musterte. Warum starrten mich alle an? Sie starrten mich an, weil ich sie anstarrte. Oder war es umgekehrt? Meine langen afrikanischen Perlenketten schnürten mir den Hals ab. Zwei Italiener neben uns bemerkten meine unbeholfene Berauschtheit. Sie schrien: «Buh!» Ich erschrak zu Tode und zog Johanna an der Hand zum Zelt zurück. «Wir sind hier nicht sicher. Wir müssen hier weg!» – «Steffi, was is los? Chill einfach», lallte sie verwirrt. Es gab keine Sicherheit mehr, nirgends. Johanna legte sich vors Zelt und schaute mich mit ihren tiefen Haifischaugen an: «Ich bin für dich da, Steffi.» Sie legte sich auf eine Isomatte und begann zu schnarchen. War das noch Johanna, oder hatte ich sie versehentlich gegen einen alten holländischen Obdachlosen getauscht? Sie war völlig entstellt. Ich versuchte, meine Ketten loszuwerden. Ich zog an ihnen und verwickelte mich immer mehr, ich war gefesselt, ich würde ersticken. Sie würden mich so finden: Hippiemädchen erwürgt sich im Psilocybin-Rausch versehentlich mit Ethnokette selbst. Ich riss das Ding auseinander, und die Perlen verteilten sich am Boden. Das machte mich sehr traurig. Warum war die Welt so traurig? Warum musste der Mensch alles zerstören? Die Industriegebäude am Horizont fielen mir erst jetzt richtig auf. Rauchschwaden stiegen aus den Schornsteinen. Die ganze Welt war vergiftet. Das Markermeer war eine industrieschlammverseuchte Kloake, Amsterdam ein drogenverseuchtes Drecksloch. Mir fiel das Internetcafé am Campingplatz ein. Im Internet fühlte ich mich immer wohl, ich wollte ins Internet. Ich machte mich auf den Weg. Was brauchte ich dafür? Geld. Geld und Zigaretten. Und Wasser. Geld Zigaretten, Wasser. Und einen Pullover! Den Kapuzenpullover. Ich zog mir die Kapuze tief ins Gesicht wie eine Tarnkappe, die mich vor den Menschen schützen würde, denen ich nicht mehr traute. Ich erreichte das Café lebend. Bei einem Typen mit zwei Meter langen Armen kaufte ich ein Ticket für eine Stunde. Ich setzte mich hin und schaute mich misstrauisch um. Ich schrieb eine E-Mail an Sarah:

«Hallo, Sarah! Ich trippe gerade in einem Internetcafé herum und verliere jeglichen Realitätssinn. Ich scheibe dir jetzt einfach ein paar Zeilen. Ich bin im Schwammerlwahn um 1 Uhr mittags. Johanna und Jakob sind eingeschlafen.» Während dem Tippen warf ich

Blicke über meine Schulter, als wäre jemand hinter mir her. «Sarah, wo bist du? Wenn dus weißt, wo du bist, schreib's mir als SMS verpackt an meine NUMMER. Ich trippe derweil Tastatur tippend weiter. Die Paranoia macht den Verstand messerscharf. Die Worte brechen mir aus den Fingern. Melde dich, bevor es zu spät ist. Ich warte einstweilen auf die nächsten Minuten. Bussi»

Nachdem ich die Mail versendet hatte, fühlte ich mich besser. Ich ging vorsichtig zurück zu meinem Zelt und vergrub mich wie ein ängstliches Kind tief im Schlafsack. Langsam klang der Rausch ab. Gegen 14 Uhr schlief ich erschöpft ein.

Wir reisten weiter im Zug durch Europa, Prag, Budapest, Frankreich, Spanien. Ich traf Irmi und Doro in der Bretagne, wir zelteten auf Brachen, ernährten uns von Weißbrot und Nudeln mit Tomatensoße. Doro und Jakob verliebten sich in Paris, und wir lernten Leute aus der ganzen Welt kennen.

Voller Geschichten kehrten wir alle aus dem Sommer zurück in Michis Wohnung. Die Schule würde in zwei Wochen wieder beginnen, und wir erzählten einander von unseren Reisen. Wir alle, das waren mittlerweile ein Haufen Jugendlicher, ein paar Psychotiker und ein paar Stammgäste aus dem Joe's. Die Typen aus der Gymnasiumstraße waren jetzt auch ständig da, auch sie waren Fans. Sie hatten im Sommer ihren Nintendo in Michis Wohnung installiert, zum Missfallen meiner Clique, also vor allem von Johanna, Sarah und mir. Denn wir hassten Computerspiele und sahen darin nur einen Kommunikationskiller. Das Mario-Kart-Spielen befeuerte ihre Infantilität. Waren sie sonst originelle Gesprächspartner, benahmen sie sich dann wie zwölf und stritten wie Idioten um die Controller. Wir mussten das Ding schleunigst wieder loswerden, und wenn sie nicht da waren, versteckten wir die Konsole in Michis Schrank. Das wiederholten wir immer wieder. Irgendwann gaben sie auf, nach ihr zu suchen. Die weibliche Seite hatte den Machtkampf für sich entschieden, die Seite der Vernunft.

Zwei der Typen aus der Gymnasiumstraße, Samuel und Jack, waren gleichzeitig mit uns nach Wien zurückgekehrt. Mit einem Interrail-Ticket hatten sie sich ebenfalls durch Europa geschlagen, hatten in Granada mit ein paar Hippies in Höhlen gehaust. Mit verfilzten Haaren erzählten sie stolz, dass sie sich vier Wochen lang weder gewaschen noch ihre Kleidung gewechselt hätten. «Seid ihr wenigstens mal schwimmen gegangen?», fragten wir skeptisch nach. Jack überlegte kurz und sagte: «Mhhh ... Nein, eigentlich nicht. Das Jucken am Schwanz war manchmal schon unangenehm.» Samuel lachte: «Eine Familie hat das Abteil gewechselt wegen uns.» Ihre ansonsten sehr deutliche Intellektualität glichen sie gut mit sozialer Inkompetenz aus. «Das ist doch nicht lustig, das is einfach nur grindig», sagte ich empört. «Wieso freut euch so was?» Sie schienen nicht richtig zu verstehen, was mich daran so aufrieb. In Michis Wohnung drängte sich durch die üblichen Rauchschwaden von zehn zigarettenrauchenden Menschen langsam der süßliche Geruch, den die beiden mageren Burschen ausdünsteten. Es war, als würden sie bei lebendigem Leibe verfaulen. Selbstzufrieden drehten sie ihre immer ganz dünnen, winzigen Joints, während ich angewidert die Fenster aufriss: «Ihr seid's echt unpackbar.» Aber Sarah war noch in der Schweiz, Irmi und Johanna bei Verwandten am Land und Jakob und Doro im Pärchenmodus, und so freundete ich mich in den letzten Wochen des Sommers mit den beiden verschrobenen Typen an. Mit ihnen konnte man stundenlang über i-Tüpfelchen streiten. Außerdem schätzten auch sie Michis Sprachverliebtheit, und wir stellten gemeinsam Überlegungen an, warum «auf die schiefe Bahn geraten» nicht eigentlich dasselbe war wie «die Kurve kriegen», ob «krummes Ding drehen» dasselbe sei wie «Scheiße zu bauen» oder warum man aufsprang, wenn man «entsetzt» war. Samuel versetzte mich immer wieder in Erstaunen, plusterte sich auf und rezitierte Emil Cioran, Nietzsche oder den, den er für den allergrößten Dichter aller Zeiten hielt: Eminem. Er weckte mein Interesse für Battle-Rap, und wir begannen, uns gegenseitig Reime per SMS zu schicken. Die banalsten Dinge hingegen verstand er oft nicht, und während er seitenweise Schopenhauer aus dem Gedächtnis rezitieren konnte, hatte er in praktischen Dingen die merkwürdigsten Wissenslücken. Moritz, ein Typ aus dieser Clique, der sehr musikalisch war, hatte an einem Abend seine Geige mit in Michis Wohnung gebracht. Samuel sagte: «Ich wusste gar nicht, dass du Flöte spielst.» Zuerst dachten wir, er versuche einen Scherz, aber nein. Moritz fragte ihn weiter: «Samuel, wie heißt dieses Instrument, in das man hineinbläst? Das lange, dünne aus Holz mit den Löchern?» Und Samuel sagte: «Meinst du die Geige?» Samuel war tatsächlich der Überzeugung, eine Geige sei eine Flöte und eine Flöte sei eine Geige. Nachdem ich Samuel und Jack zu verstehen gegeben hatte, wie sehr mich ihr Geruch anwiderte, wollten sie bei Michi duschen. Neben dem Wohnungseingang befand sich ein kleines Badezimmer und eine Toilette ohne Tür. Wenn ich pissen ging, musste ich das laut ankündigen, um dabei nicht gestört zu werden. An scheißen war nicht zu denken. Wenn Leute zu besoffen waren, wurde ich manchmal überrascht. Michi wies darauf hin, dass er gerade kein Duschgel hätte. Samuel meinte: «Macht nix, Michi, ich nehm einfach die Zahnpasta.» Alle in der Wohnung mussten lachen, denn wir wussten, er meinte es ernst. Michi erklärte Samuel, dass es aufgrund der Konsistenz nicht so ratsam wäre, sich mit Zahnpasta die Haare zu waschen. Und im Genitalbereich könne es möglicherweise auch schmerzhaft werden: «Bitte, Samuel, reib dir nicht meine Zahnpasta aufs Spatzi.» Samuel dachte darüber nach, man sah die Information richtig arbeiten. Er fragte genau nach, warum man sich nicht mit der Zahnpasta duschen könne. Warum eine Reinigungssubstanz, die sich für die Zähne eigne, für den Rest des Körpers unbrauchbar war. Er sah darin keine Logik, und es war manchmal gar nicht so leicht, solch rudimentäre Tatsachen in ihren Grundlagen zu erklären. Ich meinte, die Zahnpasta würde auf der Haut einfach nicht schäumen. Michi meinte, es würde brennen. Samuel glaubte unserer Lebenserfahrung und wusch sich nur mit Wasser. Danach stank er immer noch. Wir stellten die Theorie auf, dass Samuel ein Außerirdischer war. Er war von seinem Heimatplaneten zur Erde gesandt worden, um den menschlichen Alltag zu erforschen. Zuvor hatte er sich alles menschliche Wissen angelesen, er wusste Bescheid über biochemische Prozesse, Literatur oder Systemtheorie, aber jeder empirische Bezug zur ganz normalen Lebensführung fehlte ihm. Wir stellten uns vor, wie er die neuartigen Erkenntnisse abends mit einer Funkanlage aus seinem Zimmer an seinen Herkunftsplaneten schickte. «Neue Erkenntnis: Die Menschen benutzen Zahnpasta nur für ihre Zähne. Roger. Außerdem: Eine Geige ist keine Flöte, und eine Flöte ist keine Geige. Roger.»

Auf ihren Reisen hatten Samuel und Jack Drogenexperimente für sich entdeckt. Fand man in Michis Wohnung normal nur Gras, Bier und Wein vor, ging plötzlich alles um, was es an chemischen Drogen in der Stadt zu bekommen gab: Ecstasy, LSD, Speed, Kokain, 2CB. Mit kindlichem Übermut warfen sie alles durcheinander. «Bis die Schule wieder anfängt, will ich alles ausprobiert haben», sagte Jack, der sich parallel in Chemiebücher einlas und über die exakte Wirkung jeder Substanz referieren konnte. Das war nun ihr Projekt, das sie mit Ernsthaftigkeit verfolgten. Eines

Abends hatten sie Ecstasy dabei. Ich hatte kein Interesse, aber Samuel schluckte zwei Pillen auf einmal. Er spülte sie mit großen Schlucken aus einer Doppelliterflasche Weißwein hinunter, lag gemütlich auf der Couch und streckte seine langen Zehen. Ich beobachtete ihn gespannt. Nach etwa 20 Minuten riss es seinen Körper hoch, und er erbrach den ersten Schwall Weißwein großzügig auf den Boden. Michi und ich sprangen auf und holten Zeitungspapier und einen Kübel. Ich wischte die Kotze auf, die nur aus Wein bestand. Darin kullerten die halb aufgelösten Pillen. Es ging ihm nicht gut. Wir sorgten uns zwar, aber Kotzen war ja prinzipiell immer ein gutes Zeichen, es bedeutete schließlich, dass Giftstoffe den Körper verließen. Überhaupt neigte Samuel prinzipiell dazu, seinen physischen Zuständen deutlicher Ausdruck zu verleihen als normale Menschen. Eine schmerzende Zehe konnte schon mal einen Abend lang für Diskussionsstoff sorgen. Wenn Samuel etwas weh tat, dominierte der Schmerz den Raum, er musste genauestens analysiert werden, einen Gesprächswechsel empfand er als Beleidigung, als Ignoranz gegenüber seinem Leid. Wenn sich Samuel erschrak, so entwich ihm kein «Huch», sondern er schrie schrill auf. Riss man ihn aus einem Nickerchen auf Michis Sofa, plärrte er wie ein Kind, bevor er wieder klar wurde. Seine körperlichen Zustände waren unüberhörbar. Das war nicht unbedingt etwas Negatives. Samuels Eigenheiten waren ein unendlicher Quell der Unterhaltung. Ihn zu kitzeln, war ein Ereignis. Er saß zum Beispiel auf dem Boden und verlor sich gerade in einer sprachmächtigen Predigt. Wir andern warfen uns währenddessen einen bestimmten Blick zu. Zu fünft stürzten wir uns auf ihn und kitzelten ihn durch, während sein Lachen durchs ganze Haus hallte, bis er um Gnade wimmerte und irgendwann ernst «Es reicht! Es reicht!» rief. Dann sanken wir alle erschöpft zurück auf die Couch.

Sein Kotzen war also auch kein normales Kotzen, sondern das dramatischste Kotzen, das ich je gehört hatte. Vor jedem Schwall brüllte er wie ein brunftiger Hirsch, ihm entwich etwas Flüssigkeit in den Kübel, und Michi tätschelte ihm fürsorglich den Kopf. Das nahm er dankbar an. Nach einer Stunde Spektakel hämmerte es an der Tür. Ein aufdringliches Hämmern, das bald klarmachte, dass es die Polizei war. Michi ging zur Tür, wir warfen sämtliche Drogen aus dem Fenster in den kleinen Garten. Die Kiberer bahnten sich ihren Weg in den Raum: «Herr Stanger, wos is do scho wieder los bei Ihnen? Da Nochboa hot augruafn, da unten, do stirbt wer!» Michi deutete auf Samuel, der blass und gequält auf der Couch kauerte. «Unser Freund hat ein bisschen zu tief ins Glas geschaut, aber es geht ihm schon wieder besser, Herr Kommissar.» Dann kicherte er sein verrücktes Michilachen, und als die Kiberer die Türe zufallen ließen, bäumte sich Samuel zu seinem letzten kräftigen Urschrei auf. Irgendwann war der Spuk vorbei, und wir versorgten ihn mit Kamillentee und Aufmerksamkeit.

Ich beobachtete den Konsum der Burschen mit einer Mischung aus Sorge und Neugier und saß einfach neben ihnen im Park, während sie Mikrotrips warfen. Sie krabbelten dabei auf der Wiese herum wie kleine Kinder. Jack kam ganz nah an mich heran, griff in mein Gesicht und sagte: «Deine Lippen sind so rot und deine Augen so hell, fast weiß, und deine Zähne, die sind ganz grün.» Solche Momente überbrückte ich mit einem Schluck Dosenbier. Jeden Abend trank ich meine drei Biere, das wurde zu meiner üblichen Dosis. Ich schloss die Augen und legte meine Hand auf Jacks Stirn: «Ich glaube, du wirst mal Trafikant.» Und als ich Samuel betrachtete, erkannte ich: «Und du, Samuel, du wirst eines Tages verrückt werden.» Die Zuneigung der Burschen zueinander äußerte sich im intellektuellen Wettbewerb, eine Runde mit der Clique war wie eine Zusammenkunft spießbürgerlicher Uniprofessoren auf Acid, durch deren Konversation unterschwellig die Pubertät durchschimmerte. Alle in ihrer Clique waren vegan oder vegetarisch. Besonders Samuel war das ein großes Anliegen. In Brandreden erklärte er mir: «Hast du mal eine Tierfabrik gesehen? Das sind die KZs unserer Zeit.» Dieser Vergleich war insofern erstaunlich, weil Samuel selbst jüdisch war und der Nachkomme von Überlebenden verschiedener Konzentrationslager. Tiere schienen ihm generell mehr Empathie zu entlocken als Menschen. Tauchte ein Hund im Beisl auf, kniete er sich zu ihm auf den Boden, legte sich unter den Tisch und liebkoste das Tier stundenlang. Zu uns anderen sagte er: «Redets nicht so laut! Hundeohren sind urempfindlich.» Für ein Treffen mit einem Hund, dachte ich mir, würde er sich sofort waschen. Die

Freizeit mit den beiden war wie intellektuelle Gymnastik, Bedürfnisse wie Liebe oder Sex schwebten im Raum wie ein Tabu, niemand von ihnen hatte eine Freundin, Liebesbedürftigkeit war wie eine Schwäche, und mich in jemanden von ihnen zu verknallen, kam mir nicht in den Sinn. Wenn ich schmusen wollte, tat ich das woanders. Die Einzigen, die mir in dieser Wohnung Avancen machten, waren die Alten, zum Beispiel Gabriel, der von sich behauptete, Michis Schutzengel zu sein. Wenn er in einer Phase war, in der er sich wochenlang von seinen Schnäpsen durchprügeln ließ, erschien er jeden Abend. Normalerweise war Sarah die Frau seiner Träume, aber da sie in der Schweiz war, musste ich jetzt die Liebeserklärungen annehmen. Er lungerte mit seinem langen Mantel unrasiert am Heizkörper unterm Fenster und schrie gepresst: «Du und ich, Steffi, das wär so stark! Ich wäre dein Mann, du wärst meine Frau! Das wär so stark! Ich werde schreiben, und du wirst dazu malen. Du und ich!» «Ja», antwortete ich dann peinlich berührt. «Du und ich, das wär's.» Die anderen lachten. Wenn ich betrunken am Heimweg von Michis Wohnung war, streifte ich manchmal noch allein durch die Clubs am Gürtel, B72, Chelsea, Rhiz. Ich kannte überall ein paar Leute und machte mich wie eine läufige Hündin auf die Suche nach ein bisschen Petting. Wenn ich mit irgendeinem Studenten geknutscht und gefummelt hatte, fuhr ich befriedigt nach Hause. Sexualität wurde für mich in dieser Zeit zu etwas, das man allein am Heimweg machte.

Als ich in einer dieser Nächte am Heimweg vom Flex war und auf den Nachtbus wartete, dämpfte ich meine Zigarette an der Haltestelle neben dem heranrollenden Fahrzeug aus. Ich wollte einsteigen, da sagte der Busfahrer: «Host du grod mein' Bus mit deim Tschick verbrannt? Moch des mit deine eigenen Sochn!»

Ich schaute ihn an und sagte: «Ich hab gar keinen Bus.» Der Busfahrer schloss daraufhin die Tür, warf den Motor an und fuhr davon. Ich stand verdutzt da und musste auf den nächsten warten. Eine halbe Stunde verging. Ich holte mir noch eine Bierdose vom Würstelstand. Neue Leute, frisch ausgespuckt vom Nachtleben, sammelten sich müde um die Haltestelle am Schottentor. Zwei Punkermädchen mit kurzen blonden Haaren standen in meiner Nähe. Seit sicher zehn Minuten starrte mich ein Mann in Jeansjacke an. Ich fixierte ihn. «Oida, kannst du mich in Ruhe lassen, schleich dich, du gschissenes Orschloch!», schrie ich ihn an, als ich die Geduld verlor. Die Punkerinnen unterstützten mich gleich. «Lass sie in Ruh, du Wichser. Du belästigst sie!» Er wurde wütend: «Ihr schirchen lesbischen Huren! Ihr wollts doch nur einen Schwanz in die Fut», schrie er. «Deinen Beidl will niemand, du grindige Sau!», schrie ich zurück. Der Bus kam, wir lachten den Typen demonstrativ laut aus. Als wir einstiegen und auf der ersten Treppe standen, lief er auf uns zu, holte aus und schlug dem einen Mädel mit der Faust ins Gesicht. Wir andern zwei stellten uns vor sie und traten den Typen, bis er aus dem Bus fiel. Der Bus brummte und fuhr los.

Niemand sonst hatte geholfen. Ich fühlte mich, wie meistens in dieser Zeit, unbesiegbar und gleichzeitig verloren.

Bald würde die Schule wieder beginnen. Ich hatte zwei Nachprüfungen, in Französisch und Mathematik. Die Schule würde nur noch ein Jahr gehen, dann wäre der ganze Schrecken vorbei. «Das schaffst du locker», meinten alle, aber ich dachte nur daran, hinzuschmeißen und etwas anderes zu machen. Kunst oder so was. Jobben. Am Abend vor der Prüfung trank ich bei Michi bis Mitternacht Bier. Alle redeten mir gut zu. «Du machst sie fertig!», sagte Jack. «Zerfick sie», motivierte mich Samuel. Und Michi sagte: «Aus dir wird sowieso eine Künstlerin.»

Zwischen Französisch und Mathe hielt ich ein Nickerchen am Boden des leeren Klassenzimmers. Ich hatte viel Schlaf nachzuholen. Nach den Prüfungen, die ich überraschend souverän gemeistert hatte, rief ich meine Mutter an. Sie jubelte vor Erleichterung, mein schlechtes Gewissen ihr gegenüber war beruhigt. Sarah, Doro und Irmi waren nun auch wieder zur Stelle. Sie holten mich mit einer Flasche Sekt in der Hand ab, die wir gleich im Schulhof aus Plastikbechern tranken. Gemeinsam sangen wir laut Cat-Stevens-Lieder. Die Schulwärtin, Frau Helga, kam vorbei. Wir hoben unsere Plastikbecher und riefen ihr zu: «Auf die Freiheit, Frau Helga!» Frau Helga schaute uns nur argwöhnisch an:

«Frei seids ihr noch lange nicht.» Frau Helga war ein Partypooper. Ich gab eine Palette Bier aus und fuhr mit dem Einkaufswagen direkt in Michis Wohnung.

Michi hatte Geburtstag, und Sarah und ich wollten ihm gerne etwas schenken. Wir sammelten bei allen Besuchern seiner Wohnung unauffällig Geld ein, um ihm einen neuen CD-Player zu kaufen. Sein alter konnte keine selbstgebrannten CDs abspielen. Wir luden Georg-Kreisler-Lieder runter, Velvet Underground, Arik Brauer, die Beatles, Charles Aznavour, alle Lieder, von denen wir wussten, dass er sie mochte, und brannten ihm fünf neue CDs. Außerdem hatten wir ein großes Plakat besorgt. Wir legten es im Joe's auf einen großen Tisch, stellten Wasserfarben und Pinsel daneben und motivierten Doro, Irmi, Johanna, Jakob, Moritz, Konsti, Jack, Samuel und andere dazu, sich künstlerisch auszutoben. Sogar Ernstl und Gino bewegten wir zu einem Strich. Der Wirt Joe, der ohne weiteres als Mitglied der «Hell's Angels» durchgehen konnte, ließ sich dazu überreden, in eine Ecke ein Smiley für den «Aids-Michl» zu malen. Am Ende hatten wir ein riesiges knallbuntes Plakat, dass wir einrollten und ihm am Abend, als wir alle nach und nach in seiner Wohnung eintrudelten, gemeinsam überreichten. Michi war gerührt. «Kinder, ihr seids ein Wahnsinn.» Er hängte das Plakat direkt über seiner Couch auf. Die Wohnung wirkte jetzt viel freundlicher.

Das letzte Schuljahr ging jetzt wirklich los, und die Deutschprofessorin hasste mich besonders. Angeblich war sie in einer christlichen Sekte, in der man sich selbst geißelte. Sie war klein und rund, Mitte fünfzig, wirkte aber wie 80, trug immer Karoröcke und streng geschlossene Blusen. Ich stellte mir vor, wie sie abends auf Holzscheiten kniete, ihre Bluse öffnete und der Priester sie mit einem Dornenbusch auf den Rücken schlug. Ich stellte mir die roten Striemen unter ihrer Bluse vor. Mitten im Unterricht sagte sie mal zu einer Mitschülerin: «Warum habt ihr Mädchen denn immer so enge Sachen an? Gerade die mit dem größten Busen.» Das konnte sie doch nicht sagen. Alle schwiegen. Ich zeigte auf und sagte wütend, dass sie so etwas nicht zu SchülerInnen sagen könne, dass das einfach nicht gehe. Dass das nicht pädagogisch sei. Ich war in Rage, und alle andern ließen mich hängen. Nur Sarah pflichtete mir bei. Die Professorin fand meinen Einwand unerhört und schickte mich zur Direktorin. Ich wurde mit einem Satz erwartet, den ich schon gut kannte: «Steffi, warum musst du immer provozieren?» Ich unterdrückte meine Wuttränen. Das war so ungerecht. Ich wurde provoziert, nicht umgekehrt. Man konnte sich doch nicht alles gefallen lassen. Trotzdem war Deutsch das einzige Fach, bei dem ich hin und wieder noch einen Einser auf eine Arbeit bekam. Die Professorin überreichte mir dann mit den Worten «Das hast du dir eigentlich nicht verdient» das Heft. «Wahres Genie ist 80 Prozent Arbeit und 20 Prozent Talent. Du hast vielleicht Talent, aber du wirst es trotzdem zu nichts bringen», fuhr sie fort. In ihren Augen war ich wohl ein schamloses, freches Weibsbild.

Am liebsten hätte sie mich zum Exorzisten geschleppt. Ich fühlte mich wie im vorigen Jahrhundert. Jeden Tag phantasierte ich darüber, die Schule niederzubrennen. Ich würde in die lodernden Flammen schauen und lachen, immer lauter und lauter. Danach würde ich mein Bündelchen packen und als Landstreicherin durch die Welt ziehen, pfeifend, glücklich und frei. Und eines Tages würde ich das Schulsystem ändern, mit Sarah an meiner Seite, als radikale Reformpädagoginnen. Und wenn sie zu unseren Ehren dann ein Messingschild am Schulgebäude anbringen wollten, würden wir das mit dem Hinweis auf unsere dort erlittenen Qualen vehement ablehnen. Wenn der Vormittag endlich vorbei war, flüchtete ich mich in einen Stadtspaziergang. Mir rannen Tränen über die Wangen. Es war, als hätte ich keine Haut, alles berührte mich. Ich schaute einem Mann beim Zeitunglesen zu. Er war ganz lang und dünn und hatte einen riesigen Schnauzer. Immer, wenn er umblätterte, schüttelte er seine rechte Hand, spreizte den kleinen Finger und rückte seine Hornbrille zurecht. Wahnsinn. So etwas versöhnte mich wieder mit der Welt. Ich landete am Stephansplatz. Ein Mann fragte mich auf Englisch nach einer Zigarette. Ich holte aus meiner Manteltasche eine Packung, aber als ich sie öffnete, war sie leer. Er sagte: «Thank you anyway. I like the way you dress. It's very unconventional and beautiful! Have a nice day.» Wie lieb die Menschen sein konnten. Ich badete in den Touristengesichtern. Eine blinde Straßenmusikerin sang a cappella. Wieder weinte ich. Auf der Kärntner

Straße stand der Augustinverkäufer «Didi». Didi kannte ich noch von der Votivwiese, auch er war dort ein regelmäßiger Gast gewesen. Ich fragte ihn, wie es seinem Hund, dem «Bürgermeister», ginge. Bürgermeister war sicher einer der hässlichsten und stinkendsten Hunde, die mir je begegnet sind. Er lag immer zu Didis Füßen, und ständig rann irgendwo Flüssigkeit aus ihm heraus. Aus dem Auge, aus der Nase, aus dem Arsch. Er hatte ein überdimensionales Geschlechtsorgan, das immer entzündet aussah. Er wirkte sehr ungesund, genau wie Didi. Didi sagte jetzt, er hätte ihn einschläfern lassen müssen, und er fragte, ob ich ein Bier hätte. Ich ging in den Supermarkt und kaufte mit meinen letzten vier Euro sieben Bier. Der Mann an der Kasse fragte: «Ein so ein schönes Mädchen trinkt so viel Bier?» Ich sagte: «Nein, das trinke ich.»

Abends traf ich mich mit Samuel und Jack auf einem Spielplatz. Wir schaukelten und tranken die Biere. Als uns zu kalt wurde, gingen wir zu Michis Wohnung. Niemand reagierte auf unser Läuten. Also nahmen wir den Noteingang: Wir kletterten über einen Zaun in den Vorgarten des Gemeindebaus. Von dort konnte man eine große Mülltonne vor Michis Fenster schieben, das er zu diesem Zweck immer offen ließ. Von der Tonne aus kam man über die Fensterbank gemütlich in die Wohnung. Wir machten es uns bequem. Nach einiger Zeit kam Michi pfeifend in die Wohnung zurück und war freudig überrascht, dass wir auf seiner Couch saßen. «Ich war kurz Gras kaufen», erklärte er uns, baute einen Joint und sagte zu Jack: «Spiel uns doch was vor.» Wir rauchten uns einen Ofen, und Jack spielte für uns auf dem Cello Bach bis 3 Uhr früh.

Während die anderen nach Hause gingen, übernachtete ich bei Michi. Meiner Mutter schrieb ich in solchen Momenten eine SMS, dass ich bei Sarah schlief. Einmal wurde ich in der Früh durch die Polizei geweckt, die Michi mal wieder wegen einer Anzeige konsultierte. Als sie sahen, dass da ein Mädchen unter den Decken auf der Couch lag, sagte einer der Polizisten zu mir: «Sie wissen aber schon, dass der Herr Stanger HIV-positiv is.» Ich antwortete verschlafen: «Ja, na und, ich schlafe ja nicht mit ihm. Man kann sich ja nur durch Sex anstecken, nicht durchs auf der Couch übernachten.» Der Polizist sagte: «Na ja, so genau weiß man das ja nicht.» Ich schaute ihn entrüstet an: «Doch, das weiß man sogar sehr genau!» Er wurde still. Manchmal ging ich auch direkt von Michi aus in die Schule. Er machte mir dann einen Kakao und schmierte mir ein Pausenbrot. Das fand er einfach lustig. An diesem Morgen verzichtete ich spontan auf den Schulbesuch. Michi hatte schon Frühstück gemacht, und der Kaffee duftete durch die abgestandene Zigarettenluft. Später ging es zum Spar, «einkaufen». Das Personal kannte Michi schon gut. Er kaufte ein paar Bier und steckte sich Trüffelöl, seinen Lieblingsschafskäse und Pinienkerne in die Hose. Dabei flüsterte er «vom Feinsten». Trotz seiner Arbeitslosigkeit und seines Alkoholismus schien er immer einen genauen Tagesplan zu haben. Er blickte nie ratlos in den leeren Tag, immer gab es etwas zu tun. «Ich muss dann noch zur Post. Kommst du mit, Steffi?»

«Was machst du bei der Post, bekommst du einen eingeschriebenen Brief?»

«Nein, da arbeitet einer, der heißt Bruno. Der gibt mir immer Geld für Tschick, wenn ich ihn frag.» In der Postfiliale saß ein junger Typ hinterm Schalter, den Michi freudig begrüßte: «Hey, Bruno! Wie geht's? Kannst du mir vielleicht drei Euro für Zigaretten geben? Sie schmecken mir so gut.» Bruno griff in seine Hosentasche und streute Michi sein Kleingeld in die Hand. «Danke!» Im Umkreis seiner Wohnung gab es einige Leute, die ihm Geld gaben, wenn er sie danach fragte. Es gab Valentino, den edlen Herrenschneider. Frau Schwarz, die einen kleinen Greißler führte, oder den Türken mit dem kleinen Lebensmittelgeschäft. Es gab Leute, die fanden Michis Dreistigkeit und seinen Humor von Anfang an sympathisch, während er eben gleichzeitig in mindestens der Hälfte der Beisl und Restaurants im Umfeld «Lokalverbot» hatte. Da und dort könnten wir nicht hingehen, da habe er «Lokalverbot». Er sagte es belustigt, als hätte er halt was angestellt. Ich fand es cool, und als ich selbst zehn Jahre später das erste Mal «Lokalverbot» bekam, weil ich eine Flasche Averna gestohlen hatte und dabei erwischt wurde, dachte ich mir, Michi wäre stolz auf mich. Nach der Post ging es zum Schnitzelfranz, einem klassisch österreichischen Wirtshaus, denn «Da arbeitet heute ein Kellner, der Thomas, der nimmt immer sehr viel Speed in der Nacht, und in der Arbeit is er dann so nervös. Ich bring ihm ein paar Tabletten zur Beruhigung, dafür gibt er uns ein Bier.» Im leeren Gasthaus lief tatsächlich ein fahriger Typ Mitte dreißig herum und sagte: «Hallo, Michi, du bist meine Rettung, was wollts ihr trinken?» Wir bekamen beide ein Bier und Thomas eine Beruhigungstablette. «Habts ihr Hunger auch?», fragte er. Michi wollte nichts, ich nahm eine Schnitzelsemmel. Wir waren wie mittelalterliche Händler, die durchs Dorf zogen, um Tauschgeschäfte zu machen. Am Weg zurück in Michis Wohnung winkte er einem Autofahrer, der an der Ampel stand und dem er deutete, er solle sein Fenster runterkurbeln. Michi lächelte ihn an: «Entschuldigung, kennen Sie sich aus in der Gegend?» Der Währinger Bonze sagte: «Ja, wieso?», und Michi: «Können Sie uns vielleicht 10 Euro borgen?» Der Mann war überrascht, lachte und schenkte uns einen Fünfer. Nun war alles erledigt, es war 14 Uhr, und die ersten Gäste trudelten in Michis Wohnung ein. Es waren Jack, Samuel, Moritz und deren Freund Konsti. Sie kamen immer, wenn die Simpsons begannen, die wir gemeinsam auf Michis kleinem Fernseher anschauten. Michi hasste Fernsehen, aber die Simpsons waren eine Ausnahme, dafür durfte man das Gerät einschalten. So ein Tag fühlte sich für mich sinnvoller und richtiger an als jeder Schulbesuch. Michi war mein Lehrer und ich seine Auszubildende.

Michi war meist von einer beschwingten Heiterkeit, die einen ansteckte. Es gab aber auch andere Tage. An denen wurde uns bewusst, was er meinte, wenn er sagte, er hätte Depressionen. Seine Traurigkeit setzte oft ein, wenn er das Lied «Across the Universe» von den Beatles spielte. Er saß dann mit seiner Zigarette in der Hand zusammengekauert da und fing bitterlich zu weinen an. Er drehte lauter und sang mit: «Nothings gonna change my world», und sagte: «Der Text is so org.» Wir trösteten ihn. Michi schluchzte, er fühle sich so schuldig. Er fühle sich schuldig wegen allem. An was genau, konnte er nicht sagen. Es gab genug Gründe. Je mehr Leute mit der Zeit zu Besuch kamen, desto seltener wurden diese Anfälle von Traurigkeit. Ernstl meinte zu uns: «Ihr Kinder tuts dem Michi gut.» Wenn Michi wieder happy und besoffen war, bekochte er uns manchmal in seiner kleinen Wohnung. Er verfeinerte alles mit Trüffelöl. Mit seinem tänzelnden Gang bewegte er sich in der Küche, mischte Zutaten zusammen und sagte: «Vom Feinsten.» Er bröckelte Schafskäse über die Nudeln, pfiff ein Liedchen und murmelte: «Vom Feinsten.» Er servierte uns die Speisen mit den Worten: «Hier, Kinder! Vom Feinsten.» Alles, was es bei Michi gab, war «Vom Feinsten». Seine Worte wirkten wie ein Geschmacksverstärker. «Es is echt vom Feinsten», bestätigten wir ihn. Motiviert durch Michis Geburtstagsplakat, hängten immer mehr Leute Dinge an seine Wände. Sarah und ich brachten unsere Werke aus dem Zeichenunterricht, Samuel malte immer dieselbe bunte Comicfigur, Moritz konnte richtig gut Porträts zeichnen. Bald hingen die Wände voller Zeichnungen, Fotos, Zeugnissen und Polizeistrafen.

Meine Mutter wurde ruhiger, weil ich die Prüfungen geschafft hatte, die Spannungen weichten wieder etwas auf. Sie machte sich jetzt mehr Sorgen darüber, dass ich die Schule nicht zu Ende bringen würde. Die waren berechtigt. Ansonsten hatte ich das Gefühl, dass sich etwas Resignation bei ihr breitmachte. Hatten wir uns im Vorjahr noch in lauten Diskussionen angeschrien, dachte sie nun wohl, auch wenn sie sich noch so aufregte, am Ende würde ich sowieso machen, was ich wollte. Ich wich ihr, so gut es ging, aus und war den ganzen Tag unterwegs. Tagsüber war ich, wenn schönes Wetter war, im Park, am Abend in Michis Wohnung. Im Park feierten wir auch Broneks Geburtstag. Er ging nie viel aus, außer hin und wieder mit uns. Er war nicht sonderlich interessiert daran, sich Exzessen hinzugeben, er wollte seine Ruhe haben. Trotzdem war er kreativ und lustig, und Sarah und ich mochten ihn sehr gerne. Während wir mit Bernhard nicht über das Blödeln in der Schule hinauskamen, entwickelte sich mit Bronek eine richtige langjährige Freundschaft. Er kiffte nie, einerseits weil er kein großes Interesse daran hatte, andererseits weil er keine Lungenzüge konnte, ein bisschen neugierig war er aber schon. Also beschloss ich, ihm zum Anlass einen Spacecake zu backen. Ich besorgte einen Klumpen Hasch und suchte mir Kuchenrezepte. Das Hasch musste ich in Butter schmelzen, dann wurde es in ein normales Schokoladenkuchenrezept integriert. Meine Mutter war ganz verwundert, dass ich scheinbar meine Liebe zum Backen entdeckt hatte. Leider wurde Bronek krank und tauchte nicht auf. Also aßen wir den Kuchen zu sechst im Park und lagen danach erschlagen auf der Wiese. Ein großes Stück hoben wir ihm aber auf, und ich legte es daheim in Alufolie verpackt in den Kühlschrank. Meine Mutter fragte, ob sie es essen könne. Ich sagte vehement: «Das is für den Bronek, bitte iss das nicht, das hab ich extra für ihn aufgehoben.» Da Bronek etwas länger krank blieb, lag das Kuchenstück ein paar Tage herum. Plötzlich war es aber weg. Als ich abends zu Hause ankam, ahnte ich Übles. Meine Mutter saß im Wohnzimmer und fragte direkt, was das für ein Kuchen gewesen sei. «Ein Schokokuchen», sagte ich. Ich ging in die Offensive und meinte, dass es unfassbar wäre, dass sie anscheinend einfach Broneks Geburtstagskuchen aufgefressen habe. «Steffi, der Kuchen hat ganz komisch geschmeckt. Was war da drin?» – «Na ja, er war halt ein bisschen verbrannt.»

«Was war in dem Kuchen drin?», fragte sie jetzt eindringlicher nach, während sie mir ihren Tagesverlauf erzählte: Sie hatte den Kuchen gefrühstückt, und als sie ihren ersten Klienten besuchte, fühlte sie sich schon seltsam. Die Lichter wurden intensiver, die Geräusche lauter. Im Auto dachte sie, das Fahrzeug würde fliegen, normale Wörter fielen ihr nicht mehr ein, und ihr Mund wurde staubtrocken. Erst jetzt fühle sie sich wieder normal. Mamas erster Horrortrip. Ich musste ihr gestehen, dass sie einen Haschkuchen vertilgt hatte. Ich entschuldigte mich und erklärte, wir würden es ganz selten rauchen. «Das war wohl die Strafe für meine Gier», sagte meine Mutter versöhnlich. Alles ging glimpflich aus, sie reagierte toleranter, als ich dachte. Den restlichen Abend schauten wir gemeinsam auf der Couch ORF-Sitcoms: «Die Nanny» und «Hör mal, wer da hämmert». Meine Mutter lachte sehr laut.

Ich hatte mich an der Volkshochschule angemeldet für einen Schauspielkurs, es war ein Geburtstagsgeschenk meiner Mutter, nachdem ich gejammert hatte, dass Schule nicht kreativ war. Ich war gespannt, was mich erwartete. Zehn Minuten verspätet, erschien ich mit einem Dosenbier in der Hand. Der Schauspiellehrer stellte sich gerade vor. Er hieß André, war um die fünfzig, braun gebrannt mit halblangen, künstlerisch zerzausten schwarzen Locken und einem ausdrucksstarken Gesicht mit riesigen Lippen. Er sprach über die Magie der Schauspielerei und wirkte dabei labil. Nach drei bis vier Sätzen machte er fünfminütige Pausen, während derer er abwesend an die Wand starrte. Außer mir besuchten Eva, eine 50-jährige Krankenschwester, und Angelika, eine 40-jährige Verhaltenstherapeutin, den Kurs. Wir schauten uns ratlos an, während André weiter schwieg. Ich fragte ihn, was los sei, er atmete aus und sagte schwermütig: «Ich denke.» Erwartungsvoll ließen wir ihn denken. André ließ uns gleich in der ersten Stunde auf die Bühne. Er stellte uns drei auf verschiedene Positionen und gab Anleitungen. «Ihr beide seid ein Paar, sie liebt dich nicht mehr so, und du, du bist der Liebhaber.» Dann ließ er uns improvisieren. Angelika und ich waren das Liebespaar, Eva ein heißblütiger Liebhaber. Ein Eifersuchtsszenario brach los. André raufte sich in den Haaren und rief: «Mehr Wut! Noch viel mehr Wut!» Angelika begann, cholerisch zu schreien. «Zeig deine Trauer! Zeig deinen Schmerz!» Ich schrie zurück. Am Ende kniete auch Krankenschwester Eva schreiend vor mir. Nach einer Stunde Ausbruch waren wir alle emotional erledigt. André war zufrieden und öffnete eine Flasche Rotwein. Wir setzten uns auf die Publikumsplätze und unterhielten uns zaghaft über dies und jenes, Beruf, Familiensituation. Ich jammerte über die Schule. André schaute melancholisch an die Wand und schenkte uns nach. Er dachte wohl wieder.

Am Weg zu Michis Wohnung kam ich immer am Bezirksamt vorbei. Dort hing ein kleiner Schaukasten, in dem der ÖVP-Bezirksvorsteher bei seinen neuesten Tätigkeiten zu sehen war. Meine Freunde und ich schauten uns das gerne regelmäßig an. Der Vorsteher war alt, dick und orange. Er sah eher aus wie ein Zuhälter aus dem Prater. Mit einem falschen Grinsen stand er mal vor einem Kinderchor, dann wieder überreichte er 90-jährigen Frauen einen Blumenstrauß. Wir nannten das Homoles Abenteuer. Diesmal war er zu Gast bei einem Handballturnier von Jugendlichen gewesen. Das musste ich gleich in Michis Wohnung berichten. Mit meinen letzten Euros kaufte ich ein paar Dosen des billigsten Bieres (zu der Zeit Gambrinus) und eine Packung der billigsten Zigaretten (Smart). Als ich bei

Michi reinkam, ging ich an den am schwarzen Boden sitzenden Leuten vorbei und kühlte die fünf Bierdosen ein. Der Boden wurde dunkler und dunkler, weil jeder seine Zigaretten darauf ausdrückte und seine Asche fallen ließ. Alle paar Monate sammelte Michi von jedem ein paar Euros ein und borgte ein Schleifgerät aus dem Baumarkt aus. Den Dreck schliff er einfach runter. Michi lachte, als er mich am Kühlschrank sah, und sagte: «Du bist die bekannteste anonyme Alkoholikerin, die ich kenne.» Als ich am Radiogerät vorbeilief, auf dem gerade Michis Lieblingslied «Zu leise» von Georg Kreisler lief, rief Michi: «Steffi, dreh bitte die Musik lauter. Noch lauter. Ganz laut. Ganz laut bis zur Ganslhaut.» Wir saßen zu zehnt in Michis Wohnung, als es wieder mal klopfte. Es war der blonde Herbert. Sobald wer öffnete, stürmte er zum Sicherungskasten. Heute war er ganz in Orange gekleidet und trug ein großes, goldenes Kruzifix um den Hals. Er legte alle Schalter um, das Radiogerät fiel aus, und es wurde stockdunkel. «Herbert, Oida», ermahnten ihn verschiedene Leute, aber Herbert lachte nur und rief: «Spiel ma a Spiel! Tu ma küssn! Machma Gruppnsex!» «Geh, Herbert, reiß dich zam, hier, kiff was!», sagte Michi, legte die Schalter wieder um, der Kühlschrank begann wieder zu summen und die Musik zu spielen. Jemand überreichte Herbert einen Joint, der meistens eine sedierende Wirkung auf seinen Irrsinn hatte. Es läutete wieder. Gabriel krachte herein. Zur Begrüßung schrie er: «Freunde, ich hab dem Schnaps abgeschworen!», und machte eine heroische

Geste. «Ich bin jetzt voll bei der Mary Juana!» Dann plumpste er auf die Couch, und wenn er dachte, dass er unbeobachtet war, nahm er die Schnapsflasche aus der Innentasche seines Mantels und nuckelte daran. Den restlichen Abend spielten wir in Michis Wohnung Pantomime. Ich weiß nicht, wer damit angefangen hatte. Es gingen Zettelchen herum, jeder schrieb ein Wort darauf und stellte einen der Begriffe dar, und wir anderen versuchten, ihn zu erraten. Anfangs waren es noch konkrete Begriffe wie «Eierbär» oder «Drogenbaron», aber mit der Zeit wurden wir immer geübter, und die Wörter auf den Zetteln wurden abstrakter. Aus dem Körbchen zog man nur noch Begriffe wie «Pensionsversicherungsanstalt», «Neoliberalismus» oder «Farbspektrum». Meistens spielten wir SchülerInnen, also Samuel, Jack, Doro, Sarah, Johanna, Jakob, Irmi, Moritz und ich. Aber wir luden auch jeden der Gäste ein mitzuspielen. Michi schaute lieber zu, und der Herbert war meistens damit beschäftigt, das Badezimmer zu überschwemmen oder unsere Brüste zu kommentieren. An diesem Abend war Ernstl mit dabei. Ernstl saß meistens in der Wohnung und trank seine zehn Dosenbiere. Er lächelte die jungen Burschen an. Nach sechs bis acht Bier fing Ernstl an, lächelnd vor sich hinzumurmeln. Niemand verstand ihn mehr, er sprach seine Privatsprache. Wenn man empathisch reagierte, zustimmend nickte oder ein «Mhm» abgab, war er glücklich. Noch konnte er aber verständliche Sätze aussprechen. Er holte seine Lesebrille raus, las den Zettel und zog die

Augenbrauen hoch. Im Sitzen fing er an zu deuten. Er zeigte mit dem Finger nach links, nach oben, nach unten. Wir sagten: «Links? Oben? Unten?» Er schüttelte kichernd den Kopf: «Nein, nein, nein. Kinder, es is leicht.» Er deutete im Kreis. Wir: «Rund? Atmosphäre? Michis Wohnung?» «Nein. Nein. Nein.» Er zeigte wieder in verschiedene Richtungen. Irgendwann gaben wir auf und meinten, Ernstl dürfe ausnahmsweise auch sprechen, weil es seine erste Runde Pantomime sei. Ernstl murmelte: «Also, ihr geht's in eine Telefonzelle. Da ist aber kein Telefon. Aber ihr rufts jemanden an. Was is das?» Wir schauten ihn ratlos an. Er öffnete die Hände und sagte, als sei es das Selbstverständlichste: «Na, das ist Phantasie!»

Eines Abends teilte ich Jack und Samuel mit, dass ich auch mal Ecstasy probieren wolle. Sie kauften die Pillen meistens auf Freeteknopartys. Ich beauftragte sie, mir eine mitzubringen, was sie auch taten. Wir saßen auf Michis dreckigem Holzboden, und es spielte, wie so oft, Georg Kreisler. Samuel und Jack waren nüchtern und hatten versprochen, es zu bleiben, weil ich wollte, dass sie auf mich achtgaben. Dann schluckte ich unter ihrer Beobachtung eine halbe Tablette. Im Schneidersitz saß ich da und wartete auf die Wirkung. Nichts passierte. Ich legte eine halbe nach. Langsam spürte ich etwas. Zuerst wurden die Geräusche seltsam und wechselten in ihrer Lautstärke, als hätte ich Kopfhörer auf, die hin und wieder ausfielen. Ich begann zu schwitzen, und ein leichter Drehschwindel machte sich bemerkbar. «Alles okay, Steffi?», fragte Jack fürsorglich. Er hielt mich an den Schultern. Wie lieb er war. Wie lieb sie alle waren. Wie schön, dass wir uns alle hatten. So besondere Menschen. Ich fühlte mich, als würde mir jemand Helium in den Kopf pumpen, mein Kiefer begann zu mahlen. «Ich hab euch alle so gern», sagte ich, während sich meine Pupillen weiteten und meine Glieder leicht wurden, als würde ich in Salzwasser baden. «Können wir nicht näher zusammensitzen? Ihr seids alle so weit weg. Kommts alle ganz nah!», forderte ich sie auf. In der Wohnung waren sieben Leute: Michi, Samuel, Jack, der schnapsmanische Gabriel, der pausbäckige Ernstl und Rainer, der Kokainhändler. Ernstls rote Backen waren das Rührendste, das ich je gesehen hatte. Ich stand kurz davor, ihn zu küssen, jeweils einen dicken Schmatzer auf eine Wange draufzusetzen. «Bitte setzen wir uns näher.» Wohlwollend kamen alle meiner Aufforderung nach. Ich nahm Ernstl und Samuel an den Händen und hatte ein Gefühl wie auf der Achterbahn. Ich konnte nicht mehr länger still sitzen, stand auf und ging hektisch auf und ab. Meine Redegeschwindigkeit beschleunigte sich auf das Dreifache. «Steffi, du bist so kauzig», meinte Michi und gluckste. Ich fuhr mir mit den Händen ins Gesicht, es war so angenehm. Wenn die Runde einfach weiterredete und ich nicht im Mittelpunkt stand, wurde ich unrund. «Ich brauche jetzt eure Aufmerksamkeit, ich brauche die Aufmerksamkeit von JEDEM.» Wenn ich sie hatte, lächelte ich ihnen ratlos in die Gesichter. Ich wusste mit ihrer Aufmerksamkeit nichts anzufangen. Sie schauten mich amüsiert an. Nachdem ich eine Stunde geplappert hatte, wurde ich weich und müde und legte mich auf eine Matratze. Michi deckte mich zu und brachte mir einen Ingwertee. Seit wir die Wohnung besuchten, hatte er immer eine Kanne frischen Ingwertee auf seiner Heizung stehen. Ich hörte den Leuten lächelnd bei ihren Gesprächen zu. Michi legte die Beatles auf. Gegen 1 Uhr schlief ich ein. Ich war noch tagelang glücklich.

Michi hatte manchmal kein Handy und rief uns deshalb von dem Telefon, das immer bei ihm daheim am Boden stand, zu Hause auf dem Festnetz an. Das war günstiger. Den einen war das angenehmer als den anderen. Sarahs Mutter hatte ein Faible für exzentrische Freaks und plauderte gern mit Michi. Moritz' Eltern halfen Michi sogar dabei, einen Handyvertrag abzuschließen, und schenkten ihm eine neue Matratze. Samuel wollte überhaupt nicht, dass seine Eltern etwas über sein Leben wussten. Am liebsten wäre ihm gewesen, er hätte daheim nur mit seiner Katze sprechen müssen. Meine Mutter mochte diese Anrufe ganz und gar nicht. Es war ihr suspekt, wenn ich von Michi erzählte. Sie sagte: «Der Komische hat wieder angerufen. Wos wüdn der von dir?», und sah mich skeptisch an. Ihr war das alles nicht geheuer. Dabei musste sie das von meinem Vater gewohnt sein. Obwohl er nicht sehr präsent war (sie waren getrennt, seit ich klein war), hatte ich vieles von ihm geerbt. Er führte ein unstetes Leben, war ein Chaot und hatte früher allerlei «Originale» in unsere Wohnung gebracht. Er war zwar Arbeiter, aber die freakigen 70er Jahre waren trotzdem nicht spurlos an ihm vorübergegangen. Meine Mutter hatte kein Faible für Sonderlinge. Sie mochte es geordnet und konventionell. Aber meinen Vater hatte sie offenbar sogar mal geliebt, obwohl er nichts Konventionelles an sich hatte, und mich mochte sie ja auch. Man schätzt Mütter da manchmal falsch ein, man kennt sie ja nur als Mütter und nicht als Menschen. Wenn ich etwas mehr aus Michis Wohnung erzählte, erkannten wir durchaus Gemeinsamkeiten. Thomas, zum Beispiel, ein älterer Typ, der manchmal bei Michi vorbeikam und uns ein bisschen unheimlich war, weil er dann nichts anderes machte, als uns Mädchen mit starren schwarzen Augen anzuglotzen, war einer der Klienten, die meine Mutter beruflich betreute. Einige Jahre später, als es Michis Wohnung nicht mehr gab, erfuhren wir, dass Thomas seinem Nachbarn ein Messer in den Bauch gestochen hatte, weil er so gestunken hatte.

Der blonde Herbert war eine Erscheinung, an die wir uns gewöhnt hatten. Wenn er bei Michi reinkrachte, reagierten wir achtsam, aber gelassen. Man musste ihn nur ein bisschen beschäftigen, damit er nichts Gefährliches machte, wie bei einem Kleinkind. Er wollte prinzipiell niemandem etwas Böses und haute immer wieder gute Sätze raus. Mein Lieblingssatz von ihm war: «Ameisen haben den urkleinen Penis!» Eines Tages brachte er uns aber doch wieder zum Staunen.

Er kam durch den schmalen Gang in den Hauptraum, trugt ein langes, rosafarbenes Nachthemd und darüber seinen Laborkittel. «Hallo, Herbert», sagten die Leute, die herumsaßen. Da hörte man es von Richtung der Wohnungstür weiterpoltern. Was war da los? Ein zweiter Mann kam dazu. Er war genauso riesig wie Herbert, hatte ein dürres Gesicht mit spitzen Wangenknochen. Seine schwarzen Haare standen wild in alle Richtungen ab, und er trug einen langen, dunklen Mantel. Er zog einen Einkaufstrolley hinter sich her, auf dem ein voll aufgedrehtes Radio montiert war, und er rief gepresst: «Hallo, ich bin der Herbert.» Alle in der Wohnung bekamen einen Lachanfall. Was war das gerade? Der blonde Herbert mit seinen hellen Haaren und seinem weißen Mantel hatte offenbar auf den Straßen seinen schwarzhaarigen, dunkel gekleideten Doppelgänger aufgegabelt. Ab diesem Tag gab es in Michis Wohnung nicht nur spontane Besuche vom «blonden», sondern auch vom «schwarzen» Herbert. Der schwarze Herbert war ebenfalls ein mittlerweile arbeitsunfähiger Mathematiklehrer. Mit seinem Trolley zog er den ganzen Tag durch Wien und sammelte allerlei Zeug auf. Wenn er zu Besuch kam, präsentierte er seine Kleiderfunde. Sarah, Doro, Irmi, Johanna und mir wollte er immer wieder ein sexy Top andrehen. Wir lehnten dankend ab. Er kramte weiter in seinem Trolley herum. Dann zog er eine Bibel heraus, ein paar Lederstiefel und eines Tages sogar einen großen Holzraben. Wir bestaunten seine Funde. Der schwarze Herbert war paranoid schizophren und etwas anstrengender als der blonde Herbert, weil sein Verfolgungswahn manchmal in Aggression umschlug. Man konnte mit ihm ganz normale Gespräche führen, musste aber eines vermeiden: dass er an Kaffee kam. Das lernten wir erst mit der Zeit. Sobald er ein paar Schluck Kaffee trank, drehte er durch. Wenn er also die Wohnung betrat, versteckte Michi sofort den Kaffee. Einmal suchte ich meine Jacke zum Gehen und fragte Herbert, ob er sie vielleicht versehentlich in seinen Trolley getan hatte. Herbert WAR auf Kaffee und begann hysterisch zu schreien: «Ich hab nichts gestohlen! Ich stehle nicht! Die Hure sagt, ich bin ein Dieb! Ich bin kein Dieb.» Er war nicht zu beruhigen, also mussten wir alle Kräfte zusammennehmen, um ihn aus der Wohnung zu schmeißen. Beim nächsten Mal benahm er sich wieder, und der Kaffee war sicher verwahrt. Meistens saß er einfach auf der Couch und rief verschiedene Hotlines an. Wiener Wohnen, Internetprovider oder das Außenministerium. Er wollte sie vor den Russen warnen und dem CIA. Wenn er kam, hörte man meistens schon von weitem das lärmende Radio und hatte genug Zeit, den Kaffee zu verstecken. Wir hörten ihn durch die Gassen schreien: «Gott ist schizophren! Gott ist auf der Psychiatrie.» Kurz darauf klopfte es an Michis Tür, und wir begrüßten Herbert 2 und seine Schätze.

Hin und wieder nahmen wir sogar an kulturellen Aktivitäten außerhalb von Michis Wohnung teil. An einem Nachmittag beschlossen wir, zur Langen Nacht der Museen zu gehen. Die war gratis. Sarah, Jakob, Bronek,

Irmi, Doro, Samuel und Michi gingen gemeinsam. Die beliebtesten Museen waren alle überfüllt, also besuchten wir zuerst eine kritische Ausstellung von ATTAC und danach das Heeresmuseum. Wir wussten nämlich, dass Nicole, unsere Lieblingsfeindin, einen Auftritt als Model hatte. Sie hatte es unüberhörbar in der Klasse verlautbart. «Für die Obdachlosenzeitung?», hatte ich sie gefragt. In der Klasse zeigte sie ihrer mittlerweile einzigen Freundin ihren Walk. Ansonsten wurde sie ignoriert. Ihre beste Freundin war wie der Assistent eines Bösewichts: Eigentlich war sie nur da, damit Nicole jemanden unterdrücken konnte. Sie war eigentlich ganz in Ordnung, ein schüchternes, nettes Mädchen. Anscheinend aber leider masochistisch veranlagt. Nicoles Modelauftritt wollten wir uns nicht entgehen lassen. Nicole war im Grunde gutaussehend, aber sobald man sie besser kennenlernte, sah man in ihrem Gesicht nur noch eine von neurotischer Gemeinheit verzerrte Fratze. Die Modenschau hieß «COOL IN UNIFORM». Die neuen Uniformen des Bundesheers wurden präsentiert. 18-jährige Burschen marschierten wie Terminatoren auf die Bühne, es spielte Techno, und die Typen posierten mit ihren Sturmgewehren. Dann kam Nicoles Auftritt: Mit frisch blondierten Haaren zeigte sie einen Bundesheer-Overall. Wir johlten, klatschten und schrien: «KRIEG! KRIEG! ENDLICH KOMMT DER KRIEG!» Ihr Gesicht zuckte nervös, als sie uns erblickte. Wir bogen uns vor Lachen. Danach rauchten wir einen Joint und gingen ins Schokoladenmuseum. Wir durften Früchte in flüssige

Schokolade tauchen, steckten alles an Gratisschokolade ein, das wir vorfanden, und fuhren wieder zu Michi.

André, mein Schauspiellehrer, wurde derweil von Mal zu Mal wirrer. Grinsend beobachtete ich ihn und fragte, was wohl mit ihm los sei. Er sagte auf seine bedeutungsvolle Art nur: «Du lachst!» Ich wiederholte theatralisch: «Ja, ich lache.» Was für ein schrulliger Typ. André schaute mir tief in die Augen: «Warum lachst du?» Ich war ehrlich: «Ich hab mich nur gerade gefragt, ob du vielleicht betrunken bist.» Daraufhin schwieg er einige Minuten und blickte wieder ins Leere. Ich warf ein: «Entschuldigung, es war nur ein Einfall, ich wollte dir nicht zu nahe treten.» Er reagierte nicht, und wir machten weiter unsere Übungen. Während wir auf die Bühne herumstanden, rief André: «Ihr seid auf einem Skilift gefangen! Es wird kälter und kälter und kälter. Ihr zittert. Niemand findet euch! Spürt ihr die beißende Kälte auf euren Beinen?» Wir zeigten vollen Körpereinsatz, spastisch zuckten wir in unseren Sesseln, und André schrie: «Ihr ertragt es nicht mehr! Ihr erfriert!» Nacheinander plumpsten Krankenschwester Eva, Verhaltenstherapeutin Angelika und ich von unseren Sesseln und schüttelten den Frost ab. Damit war der Kurs beendet. Zum Abschied sagte André zu mir: «Ich fand das sehr schön!» «Mein Zittern?» «Nein, was du am Anfang gesagt hast. Ich werde es meiner Freundin erzählen, weil ich es so schön fand.»

Die einzige Droge, die mich neben Ecstasy noch interessierte, war LSD. Ich kippte gerade auf psychedelische Literatur rein, las Carlos Castaneda, Timothy Leary oder das «Lob des Schauens» von Albert Hofmann. Ich wollte eine Reise machen, mein drittes Auge öffnen, und Johanna erschien mir mit ihrer ruhigen, tiefsinnigen Art wie die richtige Partnerin dafür. In einem verlassenen Park trafen wir uns zu zweit. Nachts war niemand da, denn er gehörte zu einer Tagesstätte für Behinderte und war verschlossen. Man musste über einen hohen Zaun klettern, dann war man ganz allein. Es dämmerte noch, und wir setzten uns auf einen Hügel. Johanna zog das Baggy hervor, das uns Jack organisiert hatte. Drinnen lagen zwei stecknadelkopfgroße Kapseln, die mit der psychoaktiven Flüssigkeit gefüllt waren. Es waren Microtrips: hochdosierte, kleine Kugeln. Wir zählten bis drei, schluckten sie gemeinsam und warteten auf die Wirkung. Die Stimmung war andächtig. Erstmal passierte nichts. Nach einer Dreiviertelstunde fing der Nachthimmel an, sich langsam in eine andere Farbe zu tauchen. Von lila verfärbte er sich allmählich zu gelb. Fasziniert beobachtete ich den Zauber. Ich konnte mir Farben aussuchen. Wenn ich es wollte, tauchte der Himmel sich in grün, wurde wieder schwarz und schließlich hell, als wäre es Tag. Ich steuerte die Natur mit meinen Gedanken, grün, gelb, lila, schwarz, weiß. Die Halluzinationen kamen in sanften Wellen und klangen wieder ab. Meine Gedanken, Gefühle und Wahrnehmungen mischten sich zu einem grenzenlosen Brei. Vorstellungen und Ideen griffen einfach in die Realität ein. Ich konnte die Welt mit meinen Gedanken ausmalen. Die Wiese färbte ich orange, die Bäume beige. Johannas Stimme ließ Punkte aufploppen, die sich wieder auflösten. Mein Bewusstsein war ein Pudding. Johannas Augenbrauen wuchsen zusammen und wurden zu einer haarigen Raupe. Ihre Haifischaugen waren wie kleine, glänzende Käfer. Ich lachte. Ein wohliges Gefühl breitete sich in meinem Bauch aus. Ich versuchte, Johanna meine Erfahrungen zu erklären, aber ich hatte meine Sprache verloren. Als sie fragte, wie es mir ginge, sagte ich: «Äääääääähhhhhhh.» Die Wiese pulsierte. Ich fühlte mich nicht berauscht, sondern ganz klar. Wie so eine kleine Dosis von etwas die ganze Welt auf den Kopf stellen konnte. Konsti, der enger mit Johanna war, hatte seinen Besuch angekündigt. Das schien mir vor einer Stunde kein Problem zu sein, war mir jetzt aber unangenehm. Was sollten wir mit einem Außenseiter anfangen? Als er kam, riss er ein Loch in unseren Kokon. Er war angetrunken, laut und unsensibel. Er stichelte in meinem Rausch. Konsti konnte betrunken provokant und angriffslustig werden. Spöttisch fragte er: «Seid ihr beide total high? Seid ihr jetzt voll arg drauf?» Ich stammelte nur, dass ich Ruhe brauchte und er leise sein solle. Was für ein garstiger Wicht! Wie eine überdimensionale Gelse penetrierte er in die Stimmung. Er schien nicht zu begreifen, wie empfindsam ich gerade war. Wir mussten ihn loswerden. Seine aufgekratzte Art und sein Grinsen strengten mich extrem an. Er verwandelte sich vor mir in ein Rumpelstilzchen, das auf Zehenspitzen ums Feuer hüpfte, ein kleiner Dämon, der die Eintracht des Moments mit freudiger Gehässigkeit zerstörte. Wir hätten alleine bleiben sollen. Ich schlug einen Ortswechsel vor, vielleicht war es woanders angenehmer. Johanna sagte, sie hätte eine Einladung zu einer Party von Mitschülern. Sie ging in eine technische Schule mit vielen normalen Typen in Poloshirts. Es wäre in einer Villa im 14. Bezirk, und wir würden mit dem Auto abgeholt werden. Johanna war gerade leutseliger als ich. Ich ließ mich zu der Idee nur deshalb hinreißen, weil es bedeutete, dass wir Konsti loswerden würden. Am Straßenrand sausten die Lichter der Autos in Schlangen vorbei, und nach einer undefinierbaren Zeitspanne blieb ein blaues Auto stehen, das sich gelb färbte und dann rosa. Johanna umarmte den Fahrer. Drinnen saßen lauter Typen, die ich nicht kannte, es waren mindestens zehn. Wie passten die alle in dieses Auto? «Wollen wir da wirklich mit?», fragte ich Johanna verunsichert. «Ja, die sind urnett.» Das beruhigte mich etwas. Wir stiegen in das enge Fahrzeug, ich saß ans Fenster gedrängt neben Johanna und starrte raus. Die Musik war laut und das Stimmengewirr zerfahren. Aus Überforderung sprach ich kein Wort und fixierte die Stadt vorm Fenster. Da mich die Typen nicht kannten, schien ihnen meine Wortlosigkeit nicht ungewöhnlich. Das Auto fuhr durch Wien. Wir fuhren immer wieder und wieder dieselbe Kurve mit denselben Häusern ab wie in einer ewigen Spirale, die nirgends hinführte. Die Landschaft war hängengeblieben. Manche der Häuser erkannte ich: mein Wohnhaus, Sarahs Wohnhaus, die Schule, Michis Gemeindebau. Die Burschen scherzten ausgelassen, Johanna tratschte leicht dahin, sie schien in einer völlig anderen Welt zu sein. Ich bestaunte die Wiederholung der Häuser für Stunden, die sich wie Sekunden anfühlten und wahrscheinlich Minuten waren. Vor einer riesigen, weißen Villa hielt das Auto an. Es sah aus wie das Weiße Haus in Washington. Von der Türe aus winkte George Bush. «Johanna, lass mich auf keinen Fall allein», trichterte ich ihr ein. Überall waren Normalos, Typen mit Gelfrisuren und Mädels auf Stöckelschuhen, Mischgetränke, scheiß Musik. Aber zumindest waren wir in Sicherheit. Im ersten Stock war ein Badezimmer, in dem ich mich versteckte. Johanna wartete vor der Tür. Ich betrachtete mein Gesicht genau. Immer wieder huschten kleine bunte Fäden über meine Züge. Meine Pupillen waren ganz schwarz, meine Lippen knallrot, und ich fand mich wahnsinnig schön. War das wirklich ich? Wie konnte ich mich nur jemals auch nur für einen Tag hässlich gefühlt haben? Während ich seit Stunden nur noch stammeln konnte, war Johanna sozial komplett fähig, führte Smalltalk-Gespräche und flüsterte mir zu, dass sie sich klarer fühle als je zuvor. Sie wollte tanzen. Ich setzte mich an einen Tisch, Typen verwickelten mich in Gespräche. Statt zwei Augen hatten sie vier. «Ich muss mich irgendwo verstecken», dachte ich ununterbrochen. Und: «Das Bewusstsein ist ein fragiles Konstrukt. Jeder ist gefangen in seiner eigenen Welt. Man kann andere doch eh nie wirklich verstehen, man kann sich höchstens annähern und durch Gesten beruhigen.» Langsam stieg meine Sorge, dass das alles niemals enden würde. Vor mir stand eine Zwei-Liter-Packung Orangensaft. Ich erinnerte mich, dass Vitamin C helfen sollte, einen LSD-Trip zu mildern, und trank innerhalb kürzester Zeit die ganze Packung. Ich besorgte mir noch eine aus der Küche und setzte mich wieder an den Tisch. Niemand schien zu merken, dass ich gerade fünf Liter Orangensaft trank. Ich machte mich auf die Suche nach mehr Orangensaft und fand Johanna. «Können wir bitte irgendwo hingehen, wo wir allein sind, mir is das alles zu viel.» «Ja, klar, ich kenn mich hier eh aus.» Ich fühlte mich, als wäre ich ohne Stadtplan in einer fremden Stadt ausgesetzt worden. «So muss sich eine Psychose anfühlen», dachte ich mir. Johanna nahm mich fürsorglich an der Hand, und wir gingen in ein kleines Schlafzimmer im Obergeschoss. Wir setzten uns im Schneidersitz aufs Bett, schauten einander tief in die Augen und redeten sanft über das, was wir sahen und fühlten. «Deine Augen sind so schön», sagte ich zu Johanna. «... wie von einem Haifisch. Bitte gehen wir nie wieder raus.» Der ganze Boden war von Käfern übersät, es wuselte, war aber auch schön. Alle Bilder an der Wand waren in Bewegung. Im Bett allerdings war alles ruhig. Es war wie ein Boot auf einem stürmischen Meer. Meine Gedanken fügten sich schnell zusammen, während Johannas Gesicht leicht anschmolz. Den Sturm draußen nahm ich schon gar nicht mehr wahr. Gegen vier Uhr morgens, als die Muster weniger geworden waren und nur noch hin und wieder auftauchten, wagte ich mich mit Johanna aus dem Zimmer. Wir nahmen ein Taxi zu ihr nach Hause, weil ihre Eltern nicht da waren. Die letzten Halluzinationen huschten an mir vorbei, wie übrig gebliebene Luftschlangen in einer verlassenen Partywohnung. Ich fand wieder meinen Weg zurück in die Realität. Wir schliefen gemeinsam in Johannas Bett. Am nächsten Morgen wachte ich durchgerüttelt auf, als wäre ich von einer Weltraumfahrt oder aus einem Krieg zurückgekehrt. Ich war weiterhin sehr wortkarg und verwirrt. Wir schauten Filme und bestellten Pizza. Noch in den folgenden Tagen war ich sehr nachdenklich. Erst nach einer Woche fühle ich mich wieder geordneter und war dankbar dafür, wie gemütlich die gewohnte Realität doch ist. Psychedelische Drogen nahm ich nie wieder.

Die Schule ödete mich unendlich an, und ich vertiefte mich während des Unterrichts in meine Zeichnungen. Es war wie ein Zwang und die einzige Möglichkeit, meine geistige Unter- und meine emotionale Überforderung zu kanalisieren. Die besten Zeichnungen kamen selbstverständlich an Michis Wände. Hin und wieder nahm ich am Geschehen um mich herum teil. In diesen Momenten kam mir alles noch viel absurder vor als sonst. Die Englischlehrerin lud einen James-Bond-Experten ein. Wo hatte sie diesen Typen bloß aufgegabelt? Der Experte zeigte uns seine Rolex. Das sei die, die James Bond in allen Filmen trage. «Können Sie die durchgeben?», fragte Jakob. Ich weinte vor Lachen. Der Typ erzählte stolz, er wäre der Erfinder des Wortes «bondich». Das ist, wenn etwas besonders James-Bond-mäßig ist. Ich konnte nicht mehr. Dann durften wir Fragen stellen. Unsere MitschülerInnen nahmen die Sache sehr ernst. Vanessa, eine Ärztetochter, die in einer Pötzleindorfer Villa wohnte, fragte: «Warum kommt der Bond nie mit der Moneypenny zam?» Ich schüttelte ungläubig den Kopf. Dies war eines der besten Gymnasien Wiens. Und all diesen Schülern würde dank kostspieligem Nachhilfeunterricht und altem Geld eine strahlende, wohlhabende Zukunft bevorstehen.

Nach dem Schauspielkurs, den ich mittlerweile liebte, aber trotzdem ein paarmal ausfallen lassen hatte, lud André seine drei Schülerinnen zu sich nach Hause ein. Er lebte in einer Künstlerwohnung wie aus dem Bilderbuch. An den Wänden hingen Fotos von seinen Bühnenauftritten und exotische Reisesouvenirs, ein Klavier stand im Raum, es müffelte. Er stellte uns ein paar Rotweinflaschen hin und legte Chopin auf. Ich wurde zu meinen Zukunftsplänen befragt und fand es lustig zu sagen, dass ich mal nichts machen möchte. Einfach nichts. Die Psychotherapeutin erzählte von ihrem Arbeitsalltag und dass ihr während der Ausbildung gar nicht bewusst gewesen sei, dass sie eines Tages nur mit kranken Leuten zu tun haben würde. Krankenschwester Eva sagte, dass sie mich im Kurs vermisst hätten. André saß nur schweigend da, beobachtete uns und drehte die Schallplatte um, wenn sie zu Ende war. Nach einer

Weile fragte er, ob er Eva berühren dürfe. Wir schauten uns etwas perplex an, und Eva sagte: «Ja, okay.» André berührte sie mit seiner Fingerspitze sanft am Oberarm und zischte: «Hass.»

Ich war kaum mehr in Lokalen, höchstens am Heimweg, für einen Aufriss. In Michis Wohnung hatte ich alles, was ich brauchte. Manchmal verschlug es mich noch ins Joe's. Sarah wartete dort, sie hatte mir Unterlagen für die Englischschularbeit kopiert. Sie saß jetzt nach der Schule immer mit Peter an der Bar und war bei der Säuferrunde schon integriert, auch wenn sie optisch ein ziemliches Loch riss mit ihrem lebenslustigen 17-jährigen Gesicht. Peter und sie waren jetzt zusammen. Das hatte sich seit Wochen angebahnt. Er hatte sich in Sarah verliebt, was niemanden wunderte, umgekehrt war es schon überraschender. Peter war Ende 20 und einer von Michis besten Freunden, auch wenn er nur selten in seine Wohnung kam. Oft übernachtete er im Joe's. So hatten wir ihn kennengelernt. Er war nach einer durchzechten Nacht dort auf der Ledercouch gelegen. Ansonsten wohnte er noch bei seiner Mutter und arbeitete tagsüber bei einem Sushi-Lieferservice. Ich war überrascht, dass Sarah etwas an ihm fand. Ich mochte ihn, aber er war sehr unglücklich, und sein Alltag bestand neben dem Jobben nur aus dem Joe's. Vielleicht würde ihn Sarah ja retten. Schlau und lustig war er ja schon. Als ich das Lokal betrat, stürzte sich Peter angeheitert auf mich. «Steffi, wir brauchen Geld! Her mit den Euros!» Er durchsuchte mich auf Geldscheine. Seine Hände steckte er in meine Hosentaschen und drehte sie nach außen. Ich musste lachen. «Ich hab doch nix!», sagte ich wahrheitsgemäß. Peter machte sich an meine Socken. Er zog mir den rechten Schuh aus. Alle im Lokal lachten, ich stolperte auf den Boden. Er zog an meiner Socke. Ich wehrte mich, war vor lauter Lachen schon ganz muskelschwach. Am Ende lag ich lachend barfuß am klebrigen Boden des Beisls, während Peter meine Schuhe ausschüttete. Heute hatte Trixi Dienst, die Freundin des Lokalbesitzers. Weil sie sich von uns gut unterhalten fühlte, gab sie Wodka aus. Man war es hier gewohnt, dass die Stammgäste kein Geld hatten und Anfang des Monats ihre Schulden zahlten. Ich durfte ein Bier anschreiben. Die Tür zum Lokal ging auf, und ein Rosenverkäufer kam rein. Niemand von uns konnte sich eine leisten. Der Rosenverkäufer hieß Ali und war schon bekannt. Peter begrüßte ihn: «Servas, Ali, wie geht's?» Er antwortete: «Geschäft heute nicht gut, zu kalt!» Draußen schneite es. Er setzte sich zu uns und bekam ebenfalls einen Wodka aufs Haus. Er trug einen Anzug und eine Krawatte, Lederhandschuhe und darüber nur eine dünne Jacke. Er sei seit 17 Uhr unterwegs und habe erst fünf Euro verdient. Michi lud Ali auf einen Kaffee ein, und Ali erzählte uns von seiner Familie, die in Ägypten lebte. Vor zwei Wochen hätte seine Frau ihr zweites Kind bekommen, es sei ein Mädchen. Letztes Jahr noch hatte er in Neapel als Maler und Anstreicher gearbeitet, doch er sei nie bezahlt worden. Michi sagte: «Ja, das ist der Ehrenkodex in Neapel: Wennst nicht mindestens drei Leute gelinkt hast, dann bist du nicht aus Neapel. Haha.» Jetzt sei er eben in Österreich bei der, «Rosenmafia». Er lebte mit sieben anderen Rosenverkäufern in einem Zimmer. Nach dem Kaffee zog Ali weiter in die Winternacht.

Samuel, Jack, Michi, der schwarze Herbert und ich gingen auf eine Vernissage. Das machten wir manchmal, wenn wir kein Geld hatten. Dort gab es meistens Wein und Brötchen umsonst. Michi hatte uns das beigebracht, er suchte die Vernissagen einfach in der Zeitung raus, und so landeten wir in kleinen Innenstadtgalerien, in denen wir zwar schief beäugt, aber toleriert wurden. Wenn wir alles weggemäht hatten, was uns gratis zur Verfügung stand, gingen wir wieder. Der schwarze Herbert lud uns daraufhin zu sich nach Hause ein. Ich hatte mir noch gar keine Gedanken darüber gemacht, dass der schwarze Herbert überhaupt irgendwo wohnte, in meinem Kopf lief er tagein, tagaus die Stadt ab. Wir spazierten los in den 6. Bezirk und nahmen noch zwei Typen mit, die ebenfalls eindeutig zum Schnorren auf der Vernissage gewesen waren. Der schwarze Herbert hatte immer behauptet, dass er eine riesige Wohnung habe, aber ich dachte immer, die besäße er nur in seiner Phantasie. Doch dann fanden wir uns tatsächlich in einer riesigen Altbauwohnung wieder (100 Quadratmeter, sieben Zimmer, hohe, stuckverzierte Decken). In der ganzen Wohnung roch es nach Flohmarkt, und überall standen riesige Topfpflanzen herum, die bei bester Gesundheit waren. In jedem der Räume, in die ich reinschaute, gab es einen Fernseher und eine Stereoanlage. Alle Stereoanlagen waren aufgedreht und spielten FM4. Im zentralsten Raum hatte er Ledercouches und eine Art Büro. Dort standen drei Computer nebeneinander und allerlei andere technische Geräte, die ich nicht einordnen konnte. An den Wänden hingen Notizen über Russland und den CIA, wie in einem Thriller war alles mit paranoiden Informationen tapeziert. Jeder der Räume war bis an die Decke mit Gerümpel gefüllt, aber wirklich schmutzig war es nicht, eher modrig. Er hirschte durch die Wohnung und wischte immer wieder etwas mit Putztüchern ab. Wir setzten uns auf die Ledercouches und Herbert sich an seinen Bürotisch. Seine Geräte erinnerten mich an historische Funkanlagen aus einem Kriegsfilm. Er rief bei Ämtern an, drückte Knöpfe, notierte sich irgendetwas und drehte das Radio lauter. Am Tisch standen ein paar Flaschen Wein, an denen wir uns bedienen durften. Der schwarze Herbert schrie ins Telefon: «Der einzige Weg, den Terrorismus in jeder Form aufzuhalten, is, sich selbst als terrorfreie Zone zu definieren.» Samuel, Jack, Michi und ich wurden irgendwann müde und fragten, ob wir bei ihm übernachten könnten. Der Rückweg war uns zu beschwerlich. Er zeigte uns einen Raum, in dem einige Matratzen lagen. Sie waren auf Wäscheberge geschichtet, man musste diese erklimmen und befand sich dann zwei Meter über dem Boden. «Wie die Prinzessin auf der Erbse», sagte ich zu den andern. Wir schliefen auf dem Lager ein.

In der Früh wachten Samuel und ich als Erste auf und krabbelten vom Matratzenturm herab. Man hörte Herberts aufgeregte Stimme am Telefon. «Revolution ist ein Zustand!»

Er hatte nicht geschlafen. Als er uns sah, wünschte er uns einen guten Morgen und machte uns Tee. Fahrig fragte er: «Wollt ihr das Wetter sehen?» Er führte uns aus der Wohnung durch das helle Stiegenhaus des Gründerzeitgebäudes, bis wir bei einer Türe landeten, die auf das Hausdach führte. Herbert brachte uns raus und zeigte uns «das Wetter». Wir saßen eine Weile da, tranken den Schwarztee und schauten auf das in der Morgensonne ruhende Wien. Das Wetter war schön.

Ich hatte es am Jahresanfang versäumt, mich vom Religionsunterricht abzumelden. Nun musste ich meine Stunde absitzen, während meine Freunde frei hatten. Wenn ich mal eine Frage stellte, deren Antwort mich durchaus interessierte, strafte mich der Lehrer mit einem verächtlichen Blick. Für ihn war ich nur eine Saboteurin. Es war Halbjahres-Notenschluss, und der Professor, sich der Irrelevanz seines Faches wohl bewusst, fragte alle SchülerInnen nach ihrer Wunschnote: «Einser oder Zweier?» Mir war jede Sekunde dieses unwürdigen Procederes peinlich. Der Lehrer war auch Sportlehrer und galt als lässiger, witziger Typ. Ich erkannte in ihm nur ein konservatives Arschloch. Er ging im Raum auf und ab und blieb vor Maximilian stehen: «Einser oder Zweier?»

Maximilian: «Bitte einen Einser!»

Er fragte: «Und warum?»

Ich warf die Frage in den Raum: «Sollte die Frage nicht eher lauten: Wozu?»

Andere Schüler hielten entwürdigende Brandreden: «Ich pass ja immer auf. Und ich bin immer da und fehle nie! Einser. Einser. Einser. Einser. Bitte. Fleh!»

Er stellte sich vor mich: «Und Steffi, was meinst du?»

Ich: «Mir ist es wirklich egal.»

Er schaute mich herablassend an: «Warum ist denn der Madame alles so egal?»

Ich richtete mich auf: «Mir ist wahrscheinlich weniger egal als den meisten hier im Raum. Mir ist der Irakkrieg nicht egal, mir ist der Rechtsruck nicht egal, mir ist das Schulsystem nicht egal. Aber spielt es eine Rolle, ob auf einem Blatt Papier, das sich niemand je im Leben wieder genau anschauen wird, neben dem Fach Religion ein Einser oder ein Zweier gedruckt ist? Sollte das Fach Religion nicht eher eine Möglichkeit sein, sich über ethische Fragen auszutauschen, anstatt sich gegenseitig zu bewerten?»

Er sagte: «Verstehe.»

Ich: «Na also.»

Er notierte etwas mit seinem Kugelschreiber und sagte: «Also dann bekommst du wohl den einzigen Dreier, wenn du es so willst.»

Welcher intelligente Mensch würde angesichts von so viel Schwachsinn und Ungerechtigkeit nicht depressiv werden?

Der blonde Herbert läutete bei Michi an der Tür und sagte, wir müssten unbedingt rauskommen. Vor der Tür stand ein Taxi mit einem wütenden Taxifahrer. Herbert hatte sich ein Taxi zu Michi genommen und kein Geld, es zu bezahlen. Ich verstand den Fahrer, aber wir konnten leider auch nichts tun. Ich erklärte dem Taxifahrer, dass Herbert psychisch krank sei, aber das ließ er nicht durchgehen. «Der muss trotzdem zahlen! Ich bin ja kein Fahrtendienst!» Er rief die Polizei, und wenig später standen eine Polizistin und ein Polizist im Szenario, die auch nicht weiterwussten. Der Taxifahrer schimpfte weiter. Michael sagte beschwingt zu den beiden: «Bitte nehmen Sie uns nicht fest! Nehmen Sie uns locker! Haha.» Herbert schaute auf die Brüste der Polizistin und schrie: «Warum hast du so große Höcker? Bist du ein Kamel?» Die Polizistin wandte sich zu mir: «Du hast aber einen komischen Umgang.» Ich antwortete: «Woher wollen Sie wissen, dass ich nicht selber ein komischer Umgang bin?»

Die Schule besuchte ich nur noch so hobbymäßig, und ich kam im Unterricht nun wirklich überhaupt nicht mehr mit. Sarah hatte wenig Verständnis. Sie kopierte mir ihre Unterlagen und war verärgert, wenn ich nicht zur Prüfung erschien. Noch jemand, der mir ein schlechtes Gewissen machte. Wir verbrachten immer weniger Zeit gemeinsam. Bei einem meiner Schulbesuche – ich war die Nacht bis 4 Uhr morgens in Michis Wohnung gewesen – wurde ich von der Direktorin in ihr Büro bestellt. Übermüdet schleppte ich mich hin und rechnete mit Stress. Sie sagte, ihr sei von vielen Menschen zu Ohren gekommen, dass ich in der Schule sehr niedergeschlagen wirke. «Ah ja», antwortete ich niedergeschlagen. Ich war überrascht von dieser neuen Einfühlsamkeit. Niedergeschlagen. Das klang fast pädagogisch. Sie war in Ordnung, ihr Blick wirkte verständnisvoll. Sie meinte, die Schulärztin würde gerne mal mit mir darüber reden, weil sie einen guten Draht zu mir hätte. Ich sah die Schulärztin einmal im Jahr und hätte nicht mal angenommen, dass sie meinen Namen wusste. Zum Abschied sagte die Direktorin noch: «Du funktionierst halt nicht in einem hierarchischen System.» Sie lächelte freundlich. Ich lächelte zurück. Eine Woche später verließ sie ihr Amt wegen einer Krebserkrankung. Die Schulärztin war eine gemütliche, mütterliche Frau. (Sie sprach mich bei der jährlichen Untersuchung auf meine paar Kilo zu viel an, meinte aber gleichzeitig: «Aber was brauch ich reden mit meiner Wampen.»)

«Steffi, sag einmal, was ist denn eigentlich los mit dir?», fragte sie besorgt.

Ich antwortete eher überrascht: «Na ja, keine Ahnung, nichts?» Dass ich die Schule hasste und unter diesem autoritären System litt, erschien mir das Natürlichste auf der Welt.

«Du bist aber blass, hast Schatten unter den Augen, und dein Lidschlag ist verlangsamt, das seh ich als Ärztin.»

«Ja, ich habe halt nicht viel geschlafen, ich war bis drei Uhr früh bei einem Freund.» Sie meinte, ich wirke depressiv, und sagte, ich solle mal zu einem Psychiater gehen. Sie schrieb mir eine Adresse und eine Nummer auf. Das sei ein guter Jugendpsychiater, ich solle mal mit ihm reden. «Du bist ein gscheites Mädel, es wäre schade, wenn du von der Schule fliegst.» Ich war ein wenig perplex, versprach ihr aber, es mal auszuprobieren, ihre Fürsorge schmeichelte mir. Die Frage, ob ich depressiv sei, beschäftigte mich noch den ganzen Abend. In Michis Wohnung erzählte ich den anderen davon. Zu Samuel und Jack sagte ich: «Also, wenn ich depressiv bin, dann seid ihr aber auch alle depressiv.» Ich war den restlichen Abend nachdenklich, und Michi sagte: «Du schaust aus wie ein nekrophiler Pantomime.»

Michis Festnetztelefon läutete, und er führte ein kurzes Gespräch. «Der blonde Herbert sagt, wir sollen auf Besuch kommen.» Es war Nachmittag, und Samuel und ich schauten Simpsons. «Herbert besuchen» klang interessant, und ich war schon gespannt auf dessen Wohnung. Er wohnte im 4. Bezirk, wir spazierten zu Fuß hin. Michi hatte nach einigen Dosenbier die Angewohnheit, auf Autodächer zu klettern und dort statt auf dem Gehsteig weiterzulaufen. Er tänzelte leichtfüßig dahin, als würde er fliegen. Michis Art, sich zu bewegen, hatte immer etwas Musikalisches. Samuel und ich machten es ihm nach. Man fühlte sich erhaben da oben. Herbert bewohnte eine Neubauwohnung mit drei Zimmern. Es war bunt. Auch hier lief, wie beim schwarzen Herbert, in jedem Raum entweder Radio oder Fernseher. Herbert saß in Feinrippunterhose und Laborkittel auf einer großen, roten Matratze. Er hatte sich die Lippen rot geschminkt und begrüßte uns enthusiastisch: «Ich hab drei Kilo

Plutonium gefunden.» Überall lagen Tablettenschachteln verstreut, und an jeder Wand klebten Collagen. Er schnitt aus Hochglanzmagazinen attraktive Frauengesichter aus und fügte sie zu riesigen, neuen Bildern zusammen. Vieles in der Wohnung war rot lackiert. Staunend begutachteten wir das Interieur des Wahnsinns. Samuel und ich warfen einen Blick in Herberts Schlafzimmer. Auch hier lag eine rote Matratze am Boden. Mitten in einem Haufen aus Decken lag eine zierliche, schwarze Frau mit ganz kurzen Haaren. Sie war höchstens Mitte 20 und trug ein weites Männerhemd. Mit glasigen Augen dämmerte sie vor sich hin. Immer wieder fielen ihre Augen zu. Als sie uns sah, nahm sie uns nur halb wahr, sagte: «Welcome», drückte eine Tablette aus einer der herumliegenden Medikamentenschachteln und schluckte sie. Als wir Herbert fragten, wer das sei, meinte er, das sei seine Freundin, er wisse ihren Namen nicht, aber er liebe sie. Als wir gingen, fragten wir Michi, ob er Herberts Freundin kenne. Er lachte und sagte: «Kinder, das war eine Nutte.»

Wenn wir mit Michi in der U-Bahn fuhren, rauchte er dabei meistens eine Zigarette. Er wollte nicht provozieren, er rauchte einfach zu gern. Aus einem spontanen Impuls heraus zog er am Notfallhahn, durch dessen Betätigung man mit dem Fahrer verbunden wird. «Oida, Michi!», sagte ich. Michi sagte: «Hallooo.» Der Fahrer antwortete: «Hallo.» Michi fragte vergnügt: «Wie geht's dir so?», und der Fahrer antwortete erstaunlich gelassen: «Sehr gut. Und dir?» «Auch gut. Du fährst so angenehm. Danke! Bussi.» Dann legte er auf. Hinter uns stand ein etwa 40-jähriger Hippie in einer speckigen Lederjacke: «Ihr seid das Lustigste, was ich heut gesehen hab.» Michi fragte ihn, ob er was zu kiffen hätte, und als er das bejahte, lud er ihn in seine Wohnung ein. Bereitwillig schloss er sich uns an. Das war nicht unüblich. Er hieß Heinz und war ein Bildhauer aus dem Waldviertel. Wir unterhielten uns die ganze Nacht; in meinen Augen war er ein weiser Typ mit viel Lebenserfahrung. Ich erzählte ihm von meinen künstlerischen Ambitionen, und er hörte mir aufmerksam zu. Als Michi gegen 2 Uhr einschlief, nutzte Heinz die Gelegenheit, rutschte näher an mich heran und griff mir zwischen die Beine. «Oida, lass das!», rief ich und weckte Michi auf. «Der Typ hat mich urgrindig begrabscht!», sagte ich wütend. Michi erklärte Heinz, dass er sich schleichen solle. Danach meinte er überrascht zu mir: «Hast du nicht von Anfang an gemerkt, dass das ein Ungustl war? Ich hab mich gewundert, dass dir der taugt. Der war voll auf Heroin.» Ich meinte, wir hätten uns doch einfach nur gut unterhalten. Michi lachte und meinte: «Manchmal vergess ich, wie naiv ihr Kinder noch seid.»

Wir standen nun alle kurz vor der Matura, aber mein Abschluss wurde immer unwahrscheinlicher. Die anderen hatten den Spagat zwischen Freizeit und Schule noch im Griff, während das bei mir schon längst nicht mehr der Fall war. Sarah rief eines Nachmittags am Festnetztelefon an, das in Michis Wohnung immer am Boden stand. Sie verkündete, dass sie schwanger war von Peter. Das waren Neuigkeiten. Sie sagte gleich, dass sie beschlossen hatten, das Baby zu behalten. Ich bewunderte sie für ihre Unerschrockenheit; die Entscheidung imponierte mir, aber sie überraschte mich nicht. Die Leute in Michis Wohnung nahmen die Nachricht beeindruckt auf und auch irgendwie feierlich. Es wurde diskutiert, wie man sie unterstützen könnte, wir sahen uns alle als zukünftige Onkels und Tanten. Onkel Michi, Tante Steffi, Onkel blonder Herbert, Onkel schwarzer Herbert. Als ich ein paar Tage später Peter im Joe's traf, saß er betrunken an der Bar und sah nicht gut aus. Völlig aufgelöst jammerte er, wie überfordert er von der Situation sei. Joe, der schon dreifacher Vater war, schenkte Peter seinen alten Kinderwagen.

In der Schule bestaunten wir alle den wachsenden Bauch einer 17-Jährigen. Selbstbewusst trug sie ihn herum. Und Sarah schrieb weiterhin gute Noten.

Meine Mutter sah ich mittlerweile seltener als Michi. Wenn ich in die Schule ging, war sie schon am Weg in die Arbeit, und wenn ich nach Hause kam, schlief sie längst. Als wir nach langem mal wieder gemeinsam im Supermarkt einkaufen waren, legte ich Dinge in den Einkaufswagen und sagte wie Michi: «Vom Feinsten.» Meine Mutter fragte, ob ich etwas eingeworfen hätte.

Wenn ich manchmal nach drei, vier Bier am Heimweg war, schaute ich in eins der Gürtellokale. Ich stellte mich an die Bar und blieb nicht lang alleine. Irgendjemand lud mich immer auf ein Getränk ein und briet mich ein bisschen an. Ein Freund sagte später zu mir, meistens bleibe man einfach nur, um sich zu versichern, dass einen eh irgendjemand ficken will. Ein Wolfram zahlte mir diesmal ein Wieselburger. Er war dreißig, hatte halblange Locken und eine Brille. Er erzählte, dass er Soziologe wäre, außerdem frisch getrennt. Er beschäftige sich mit Gender Mainstreaming. Das fand ich ganz interessant, den Begriff hatte ich bis dahin nicht gehört. Wir redeten ein bisschen über Musik, die meisten Leute im B72 hörten Indie. Er jammerte übers Älterwerden und hatte sich sentimental gesoffen: «Mit jedem Jahr sehe ich blöder aus.» Er beugte sich zu mir rüber und meinte: «Du bist schon sehr süß. Du hast ganz pralle Brüste, aber ein paar Kilo weniger, und du wärst richtig scharf.» Ich schaute skeptisch. «Das sag ich dir im Guten, mit ein bisschen Sport wärst du richtig geil. Magst du noch zu mir mitkommen auf einen Wein?» Diese Mischung aus Anmache und gleichzeitiger Demütigung kannte ich schon, für mich war es gewohntes, männliches Verhalten, das ich noch nicht mal analysiert hatte, sondern als gegeben vorfand. Ich hatte damals dafür noch kein Vokabular. Vor allem ältere Männer schienen das okay zu finden und ließen dabei völlig außer Acht, dass ich sie nicht im Geringsten begehrte. Ich trank mein Bier aus, ließ den besoffenen Wolfram stehen und spazierte nach Hause. Es schneite, und ich malte auf die schneebedeckten Windschutzscheiben der Autos mit dem Finger Augen. Sie sahen jetzt aus wie

Comicfiguren. Eine Polizeistreife hielt neben mir, und der Kiberer fragte aus dem Fenster: «Ist das ein lachendes oder ein weinendes Auge?» Ich überlegte, aber mir fiel keine schlagfertige Antwort ein. Michi hätte sicher sofort ein Wortspiel parat gehabt. «Keine Ahnung», sagte ich und ging weiter. Meistens sprachen mich am Heimweg die Drogendealer an, die immer am Gürtel herumstanden. Junge Nigerianer oder Typen aus Gambia, die so ihr Geld verdienten. Das Gespräch lief immer gleich ab. «Hey Baby, how are you?» Meist plauderte ich gelangweilt ein bisschen, sie fragten: «Do you have a boyfriend?» und «Can I go home with you?» Ich sagte freundlich nein, und sie fragten die Nächste. Das fand ich korrekt, es störte mich nicht. Sie legten die Karten auf den Tisch und akzeptierten ein Nein. Das war sympathischer als 30-jährige Wolframs, denen es Lust bereitete, mich ein bisschen zu erniedrigen.

Beim Bierkaufen an der Tankstelle traf ich zufällig meinen Vater. Er hing dort öfter ab, schaute sich die Leute beim Rein- und Rausgehen aus dem Tankstellenshop an und trank dabei seinen Kaffee. Er hatte die Fähigkeit, wildfremde Leute in ausufernde Gespräche zu verwickeln, völlig nüchtern, und kannte alle, die dort regelmäßig vorbeikamen. Diese Tankstelle war momentan sein Lieblingsort. Er fragte, wie es mir ginge, und erzählte mir in den zehn Minuten unserer Begegnung die Familiengeschichte des griechischen Tankstellenmitarbeiters nach. Der hätte früher eine Fleischerei in Thessaloniki gehabt. Ich wurde über mindestens zwei Generationen informiert. Alibimäßig kaufte ich Chips, keinen Alkohol. Zum Abschied gab er mir 20 Euro. Nicht schlecht. Dafür hätte ich halt noch Bier kaufen können.

Wie von der Schulärztin empfohlen, ging ich zur Therapeutin. Meine Mutter hielt das auch für eine gute Idee. Vielleicht war ich ja einfach verrückt. Die Therapeutin war eine nette ältere Frau in einem Sessel. Ich hatte das Gefühl, sie würde wahllos alle möglichen Schemata auf mich drüberlegen. Doch dafür fühlte ich mich viel zu individuell.

Sie fragte: «Schläfst du in der Nacht durch? Schläfst du gut?»

Ich antwortete wahrheitsgemäß: «Na ja, ich schlaf halt wenig, weil ich viel ausgehe.» Schon notierte sie «Schlafstörungen». Dabei hatte ich überhaupt keine Schlafstörungen, ich kann bis heute gut schlafen. Ich wollte halt nur nichts verpassen in der Nacht. Sobald ich dreimal an der falschen Stelle «Ja» sagen würde, würde sie mich auf Medikamente setzen, weil ich von irgendeiner Norm abwich. Ich hielt mich für klüger als diese Therapeutin und hatte wenig Interesse daran, zu ihr zu gehen.

Eine Woche darauf besuchte ich noch den empfohlenen Psychiater. Auch er war auf Jugendliche spezialisiert. Zuerst wollte er ein Gespräch mit mir allein führen, dann eines gemeinsam mit meiner Mutter. Dieser Psychiater war ein alter Mann mit Brille auf einem Ledersessel, genau wie man es sich vorstellt. Dieses biedere Altherrensetting lag mir jedoch näher als das freundlich-therapeutische. Damals wusste ich nicht, dass Frauen alles besser können. Er fragte mich, was ich mit meinem Leben vorhätte.

Ich sagte: «Ich will mal was Künstlerisches machen. Grafikerin kann ich mir vorstellen oder auch Schauspielerin.» Die Schule würde ich aber nicht beenden.

Daraufhin sagte er wohlwollend: «Dann müssen wir halt etwas anderes finden für dich.» Der Mann war auf meiner Seite und hörte mir zu. Nach einer guten Stunde Gespräch holte er meine Mutter in den Raum. Sein Ton änderte sich. Er sagte zu meiner Mutter: «Ihre Tochter muss aufpassen. So kann es auf gar keinen Fall weitergehen. Ich mein, sie hat ein Talent darin, Leute um den Finger zu wickeln, aber damit wird sie ordentlich einfahren.»

Ich war perplex. «Wieso haben Sie das nicht vorher gesagt?»

Er sagte: «Ich hab dir zugehört. Aber denkst du ernsthaft, dass man mit deiner Figur Schauspielerin werden kann?»

Meine Mutter schwieg. Ich war wie vor den Kopf gestoßen, mein Bauch tat weh. Am Heimweg brach ich in Tränen aus, und meine Mutter sagte wütend: «Wos wordn des für ein Oaschloch?» Als Krankenschwester hatte sie einen gesunden Hass auf Ärzte, die sich in ihrem Berufsalltag oft herablassend gegenüber Schwestern verhielten. «Die glauben a, die san der Herrgott persönlich und sie kennan mochn, wos woin.» Sie nahm mich in den Arm. Ich war tagelang traurig und verstand nicht, was der Typ damit bezweckt hatte. Von diesem Tag an hatte ich jahrelange Aversionen gegen Psychiater.

Meine Mutter drängte immer mehr, dass ich im Sommer arbeiten gehen sollte. Ich war schließlich 17 und hatte noch nie einen Job gehabt. Das war in meinem Umfeld allerdings normal. Manche meiner Freunde hatten zwar durch ihre Eltern einen Sommerjob, aber sie arbeiteten dann in Botschaften und Rechtsanwaltskanzleien als Kopierhilfen und konnten das in ihrem Lebenslauf als Praktika verbuchen. Auf so was gab's in meiner Familie wenig Chancen. Meine Mutter sorgte sich generell um meine Zukunft: «Wüst net wos im Sozialbereich mochn? Sozialoabeiterin? Des tet doch zu dir passen!»

Ich sagte: «Na ja, eigentlich würde ich lieber gerne mal eine Sozialarbeiterin HABEN.» Sie fand es nicht lustig. Also gab ich eine Annonce in der Anzeigenzeitschrift «Bazar» auf: Schülerin bietet Babysitting für 8 Euro die Stunde. Ich hatte keine Erfahrung mit Babysitting, aber ich mochte Kinder, und ein bisschen Malen mit 4-Jährigen stellte ich mir sehr schön vor. Eine Zeitlang meldete sich niemand, aber ich hatte es zumindest versucht und dadurch wieder ein bisschen Ruhe. Als ich diese Karriere schon aufgegeben hatte, läutete das Telefon. Ein Mann war dran: «Ja, guten Tag, ich melde mich aufgrund Ihres Inserats. Ich hätte ein Angebot bezüglich Telefondiensten, das würde sich auf ein Mal die Woche beschränken.»

«Hm, na ja, ich hab eigentlich Babysitting angeboten, aber was meinen Sie genau?»

«Ich führe ein Gespräch mit Ihnen, es muss gar nicht lange sein, und anschließend überweise ich Ihnen 30 Euro.»

Ich: «Äh. Na ja. Was für eine Art von Gespräch wollen Sie denn mit mir führen?»

Er erklärte: «Sehen Sie, das wäre so: Ich würde sprechen. Sie brauchen eigentlich nur zuhören, das ist natürlich völlig unverbindlich. Und, ja, Sie würden mir quasi behilflich sein, es mir selbst zu machen. Sie wären mir behilflich bis zum Höhepunkt.» Ich musste lachen, weil Inhalt und Ausdrucksweise irgendwie nicht zusammenpassten. «Sie wollen mich als Wichshilfe?»

«Genau, das wäre mein Angebot.»

«Nein danke.» Ich legte auf und erzählte es meiner Mutter. «Das doch ein ganz okayes Angebot. Ich mein, fürs nichts tun?»

Sie reagierte entgeistert: «Pfui deife, Steffi, wehe dir.»

Ein paar Tage später kam noch ein Anruf. Es war wieder ein Mann, der sagte, er leite einen Kindergarten und würde immer wieder Babysitterinnen vermitteln. Er stellte verschiedene Fragen: «Bis zu welchem Alter betreuen Sie Kinder? Wann haben Sie Zeit? Haben Sie schon viel Erfahrung?»

Ich antwortete mal mehr, mal weniger ehrlich. Am Ende meinte er noch: «Würden Sie mit den Kindern in die Sauna gehen?»

Verwirrt fragte ich: «Äh, in die Sauna?» Ich stellte mir schwitzende Kindergartenkinder vor, die sich mit um die Hüften gebundenen Handtüchern gegenseitig Witze erzählten, während ein Vierjähriger einen Aufguss machte.

Er erklärte: «Viele Familien haben eine Sauna im Haus, da müssten Sie dann mitgehen.» Ich legte auf. Wieder erzählte ich es meiner Mutter.

Sie sagte: «Na jo, vielleicht probierst do wos aunderes.»

Ich war sogar einigermaßen motiviert, einen Job zu finden, und bewarb mich bei einem Leberkäsestand am Westbahnhof. Ein Freund von mir arbeitete dort und erzählte regelmäßig lustige Geschichten. Man müsse dort nicht viel mehr machen, als Leberkäse herunterzuschneiden, in eine Semmel zu stecken und Senf oder Ketchup hinzuzufügen. Sie suchten gerade Leute, und ich rechnete damit, so einen Job fix zu bekommen. Das Bewerbungsgespräch war am Vormittag, ich war sehr müde und verkatert. Ich trug einen Rock, der Löcher hatte, und meine Augen waren noch halb zu. Auf die Fragen des Chefs reagierte ich einsilbig.

Der Chef musterte mich und sagte: «Du weißt schon, man braucht für diesen Job Enthusiasmus und Elan?»

Ich antwortete mit einem ironischen Lächeln: «Ich habe extrem viel Enthusiasmus für Leberkäse.»

Er rief nicht zurück.

Einen Job zu bekommen, war viel schwieriger, als ich gedacht hatte. Auf einem Straßenflyer fand ich schließlich eine Ausschreibung. Sie suchten Telefonistinnen für ein Callcenter. Ich probierte es dort. Das Büro befand sich in einem baufällig wirkenden Kellerlokal am Währinger Gürtel. Man ging zwei Stockwerke unter die Erde, dort saßen in einem schlecht beleuchteten Raum circa 30 Menschen und telefonierten ununterbrochen. Das Büro wirkte so, als wäre es innerhalb von zwei Tagen eingerichtet worden. Bei den Telefonaten ging es darum, fremde Menschen zu kontaktieren und ihnen Gewinnlose als Abo zu verkaufen. Ein enthusiastischer Verkäufertyp schulte einen dafür. Immer wieder sagte er: «Wir sind hier eine verrückte Truppe! Es ist immer lustig bei uns!» Er machte schlechte Witze, und die Einzuschulenden lachten dankbar. Jeder bekam eine Liste von Telefonnummern, Daten von Menschen, deren Herkunft unklar war. Außerdem wurde uns nahegelegt, Kontakte von Bekannten zu verwenden: Jeder musste zuerst zehn Telefonnummern in eine Liste eintragen, sonst kam man gar nicht erst weiter im Programm. Ich dachte mir dabei nichts weiter und trug Nummern von Tanten und Onkels ein. Auch Michis Nummer schrieb ich dazu. Unser Text ging so: «Haben Sie nicht auch Träume? Eine Weltreise? Ein tolles Auto? Das kann jetzt wahr werden!» Dann musste ich versuchen, meine Gesprächspartner zu überreden, das Gewinnlos einer zwielichtigen Lotteriegesellschaft zu kaufen. Die anderen Mitarbeiter waren eine Mischung aus Schülerinnen und Junkies. Am sympathischsten war mir noch ein dünner Typ mit langen Haaren und Jimi-Hendrix-T-Shirt. Er redete, als wäre er auf starken Beruhigungsmitteln, und lachte nie. Angeblich war er einer der besten Losverkäufer der ganzen Firma. Nach einem endlosen Probetag ging ich nie wieder hin. Aber das Bewerben begann, mir Spaß zu machen.

Michi rief mich an: «Hey, Steffi, Jack und Samuel sind mit ihrer Schulklasse im Theater. Magst mitkommen?»

Ich: «Wie, wir können doch nicht einfach mit ihrer Schulklasse mitgehen?»

Michi: «Doch, schon, wirst sehen.» Michi hatte immer die Vorstellung, dass man überall hinkonnte, wohin man wollte, und in seinem Fall funktionierte das auch meistens. Während wir Stempel fälschten und uns in eine lange Schlange vor einem Club oder Konzert stellten, spazierte Michi einfach neben der Schlange an den Türstehern vorbei und schrieb uns dann eine SMS, wo wir denn blieben, er wäre schon längst drinnen. Niemand von uns wusste, wie er das anstellte. Er hatte so eine selbstverständliche Art, dass ihn die Leute einfach übersahen, obwohl er meistens weit über dem Altersschnitt war und immer so aussah, als hätte er gerade was angestellt. Versuchte ich, es ihm nachzumachen, hatte ich sofort die Hand eines wütenden Securitys am Arm. Also mal sehen. Ich war zu spät und kam kurz nach der Aufführungspause im Burgtheater an. Michi stand rauchend vor dem Eingang, nahm mich an der Hand und marschierte zur Tür.

Ein Billeteur lief uns sofort nach: «Mein Hörr! Haben Sie eine Karte? Mein Hörr! Also, so geht das nicht! Also, nein ...»

Michi zog mich weiter hinter sich her. Als sich der Billeteur vor die Eingangstür stellte und uns den Weg versperrte, gab sich Michi entrüstet: «Wir sind mit unserer Schulklasse da! Das hier ist meine Schülerin! Die Kollegin hat unsere Karten.» Er forderte, mit einem Vorgesetzten zu sprechen. Ich war gleichzeitig unangenehm berührt und amüsiert. Ein anderer Angestellter wurde hinzugerufen und Michi spielte sich weiter auf: «Also, das ist eine Frechheit. Ich will sofort mein Geld zurück!!»

Der Mitarbeiter sagte genervt: «Ja, wo sitzen Sie denn?»

Michi: «Na, in der Mitte!»

«Ja, wo denn in der Mitte? Oben, unten? Links, rechts?»

«Na, so zwischendrin halt. Was verstehen Sie denn an *Mitte* nicht? Die Mitte liegt immer genau zwischen rechts und links, oben und unten.» Ich verbiss mir ein Lachen. Tatsächlich ließ der Mitarbeiter uns ein, und wir setzten uns auf die leeren Plätze, die wir noch fanden.

Michi holte zwei Dosenbier aus den Innentaschen seiner Jacke. Es zischte, als wir sie öffneten. Die Leute neben uns schauten uns finster an und machten «Pscht». Wir rissen uns zusammen und sahen uns die zweite Hälfte von Thomas Bernhards «Heldenplatz» an. Als Samuel und Jack uns nach der Aufführung erblickten, war die Freude groß. «Hey, Michi! Hey, Steffi! Was machts ihr hier?», rief Jack.

Michi meinte: «Na, wir wollten euch besuchen.» Wir setzten uns zu viert auf die Stufen vom Burgtheater. Samuels und Jacks MitschülerInnen musterten uns. Michi stellte sich der Deutschprofessorin als Jacks Onkel vor und fragte, wie sie die Aufführung denn gefunden hätte. Kurz plauderten sie über Thomas Bernhard. Da kein Supermarkt in der Nähe war, wählte Michi die Nummer vom Bierlieferservice und sagte mit verstellter Stimme: «Ein Söchsertragerl Ottakringer vors Wüner Burgtheater bitte.» Dort saßen wir bis zum Abend auf den Stufen.

Meine Jobbewerbungen blieben weiterhin erfolglos, aber ich hatte eine gute Möglichkeit gefunden, um ein bisschen eigenes Geld zu verdienen. Michi hatte mich inspiriert: Er kaufte sich seit Jahren eine vergünstigte Palette Bier aus dem Supermarkt, steckte sich zehn Dosen in seinen Rucksack und verkaufte sie vorm Flex um das Dreifache weiter. So bekam man schon ein gutes Sümmchen zusammen. Damals war Bierverkaufen aus dem Rucksack in Wien noch viel unüblicher als in anderen Städten. Man hatte dabei überhaupt keine Konkurrenz. Ich kaufte mir also 20 Bier und stopfte sie in meinen großen Reiserucksack. Die zehn Kilo hingen schwer an meinen Schultern. Aber die körperliche Anstrengung beflügelte mein Arbeitsethos. Ich stand aber auch vor dem ersten Problem: Die Biere waren ganz warm. Ich wollte meinen Job schon gut machen, mir eine gute Reputation erarbeiten, also ging ich zum McDonald's am Schottentor, der am Weg lag, und fragte die Mitarbeiter, ob man vielleicht Eiswürfel kaufen könne. Die Mitarbeiter waren sehr hilfsbereit und überreichten mir einen 20-Liter-Müllsack, gefüllt mit Eis. Als ich fragte, wie viel sie dafür wollten, meinten sie, das sei ein Geschenk. Wie nett! Das war mehr, als ich brauchte. Ich ging in den Votivpark, stellte meinen Rucksack ab und leerte die Eiswürfel-Tüte einfach über die Biere. Mit gefühlten 60 Kilo am Rücken spazierte ich weiter den Ring entlang zum Flex. Das Gewicht der Dosen drückte gegen meine Wirbelsäule, und die Eiswürfel schmolzen langsam. Das eiskalte Wasser lief über meinen Rücken, meine Beine hinunter auf den Boden. Ich hinterließ den ganzen Weg über den Ring eine Wasserspur wie eine Schnecke ihren Schleim. Alles wurde nasser, das Eiswasser sammelte sich schon in meiner Unterhose. Ich fühlte mich wie eine Bergsteigerin, kämpfte mich mit meinem Gepäck über den Gletscher. Endlich hatte ich es zum Donaukanal vors Flex geschafft. Mit letzter Kraft zog ich mir den Rucksack vom Rücken und stellte mich damit neben die gut gefüllten Bierbänke. Ich bewarb meine Ware. «Kaltes Bier, eisgekühltes Bier.» Da gerade die Fußball-EM auf Leinwand übertragen wurde, war schon richtig viel los, obwohl es erst 21 Uhr war. Ich verkaufte die Dosen um 1,50. In nur 20 Minuten war ich alle Bierdosen los und hatte 40 Euro verdient. Das war hochgerechnet ein Stundenlohn von 120 Euro. Es war der beste Job. Leider hatte ich nun selbst kein Bier mehr und musste mich an der Flexbar versorgen. Großzügig aufgrund meines neuen Reichtums, lud ich Freunde ein, die dazustießen. Die 40 Euro waren in zwei Stunden weg. Aber ich lernte dazu.

Als ich am Heimweg war, traf ich zufällig ein paar Punks, die ich vom Sehen kannte. Sie wollten gerade ein Konzert in der Arena besuchen. Ich hatte noch keine Lust, nach Hause zu gehen, also ging ich mit ihnen mit und blieb bis zum Sonnenaufgang. Immer noch wollte ich nicht nach Hause. In meinen Kopfhörern hatte ich gute Musik und dazu Lust, mich an die Donau zu setzen. Ich fuhr mit der U3 bis zum Westbahnhof, um in die U6 umzusteigen. Es war schön, den Leuten auf ihren Arbeitswegen zuzuschauen, ich hatte ein Dosenbier in der Hand und fühlte mich erhaben. Ich fuhr mit der U-Bahn bis nach Floridsdorf und setzte mich dort vor eine Bäckerei, weil ich Hunger hatte. Mit einem Frühstückskipferl in der Hand schaute ich dem Straßentreiben zu und stand über allem. Zwei Typen gesellten sich zu mir, sie hatten eindeutig auch noch nicht geschlafen, riesige Pupillen und plauderten gleich drauflos. Wir fühlten uns sofort wie Verbündete gegen die erwachende Welt. Sie waren auf einer Freeteknoparty gewesen. Wir waren auf einer Wellenlänge. Ich sagte zu ihnen im Gespräch: «Wisst ihr, ich glaube, ich bin eine Philanthropin!» Und einer der beiden sagte: «Urflashig. Is das so wer, der was mit die Tiere fickt?»

Ich war gerade erst aufgewacht, mein Handy läutete, es war Michi. Er klang richtig aufgeregt. «Hey, Steffi! Weißt du, wer heute in Wien is? Georg Kreisler! Er ist um 11 im Café Prückel! Er hat eine Lesung! Magst du mitkommen?»

«Ah ja, cool, ich komm», sagte ich, zog mich an und machte mich auf den Weg. Im «Café Prückel» war ich noch nie gewesen. Die Veranstaltung hieß «Preiser-Matinée mit Georg Kreisler & Barbara Peters», und das Café Prückel war ein elegantes Innenstadtcafe mit hohen Decken. Durchs Fenster sah ich, dass das ganze Lokal voll war und der Auftritt gerade zu Ende ging. Schade. Ich wollte nicht stören und schaute mir das Publikum erstmal durch die Glasscheibe an. Es war eine Mischung aus älteren Bildungsbürgern und ein paar Punks, eine seltsame Melange. Eine alte Frau sah so aus, als hätte sie jemand aus Kartoffeln modelliert. Sie hatte eine Turmfrisur aus roten Locken, und als ich das Lokal betrat, sagte sie gerade: «Sie sind aber eine Schönheit.» Das Kompliment galt einem beigen Pudel.

Der Pudel gehörte einer Familie, die nur aus rothaarigen, blassen Menschen mit vollen roten Lippen bestand. Sie waren altmodisch gekleidet und farblich aufeinander abgestimmt. Alles war in Erdtönen gehalten. Sogar das mindestens 30 Jahre alte Stofftier des Kindes war rotbraun. Der Pudel fügte sich farblich perfekt ein. Sie sahen aus, als wären sie aus einem Märchenbuch gehüpft. Ich entdeckte Jack an einem Tisch, er verwandelte sich immer mehr in einen Hippie. Er trug ein Rüschenhemd, ein besticktes Gilet und lange Perlenketten. Neben ihm saßen Michi und Samuel. Samuel winkte mich erfreut zu sich. Sie saßen direkt neben dem Tisch, an dem Georg Kreisler Platz genommen hatte. Ich empfand Ehrfurcht. Das Café war zwar elegant, aber auch modrig, genau wie man sich Wien als Tourist vorstellt. An jeder Ecke ein 100-jähriger Kauz. Der Tisch rund um Georg Kreisler, an dem circa 15 Leute saßen, hatte aufgegessen. Eine lange Tafel voller Essensreste. Michi ging rüber und fragte, ob er die Reste haben könnte. Das machte er öfter. Manchmal schnappte er sich einfach eine Gabel und kostete von einem fremden Teller (einer der Gründe für seine zahlreichen Lokalverbote). Georg Kreisler sagte: «Ja, selbstverständlich, wenn Sie das möchten ...» Er überreichte Michi ein paar Teller. Stolz aß Michi Kreislers übriggebliebenen Erdäpfelsalat, ganz langsam und genüsslich, und sagte: «Vom Feinsten.» Dann stahl er noch einen Apfelstrudel aus der Mehlspeisenvitrine. Michi verriet uns: «Ich hab den Kreisler schon mal in der Schweiz gesehen, damals hab ich seinen Wurstsalat aufgegessen.» Georg Kreisler und seine Entourage verließen das Lokal. Michi erhob sich, rief zum Ausgang: «Georg!», und Kreisler drehte sich um. Michi winkte: «Ich heiße Michael! Vergiss mich nicht! Tschüs!» Georg Kreisler nickte wohlwollend und verschwand. Nachdem wir wenigstens unsere Getränke bezahlt hatten, schlug Michi vor, Rainer besuchen zu gehen, der in einem Gemeindebau ums Eck wohnte. Ich hatte gar nicht gewusst, dass es sogar im ersten Bezirk Gemeindebauten gab. Er führte uns am Ring entlang zum Fleischmarkt, das Wetter war schön, und wir waren alle gut gelaunt. Jack sagte: «Georg Kreisler is urnett.» Samuel musste pinkeln und verschwand im Blumenbeet. Nachdem er fertig war, kam er zurück zu uns, zog den Zippverschluss hoch und sagte ernst: «Immer wenn ich pischen geh, beweg ich meinen Schwanz hin und her, sodass ein spiralförmiger Strahl entsteht. So werden einerseits die Pflanzen nicht überwässert, andererseits die Insekten nicht ertränkt.» Ich bemerkte einen gewissen Stolz über seinen Gedanken. Rainer beantwortete unser Läuten an seiner Haustüre nicht, also gingen wir mit dem Postschlüssel ins Haus. «Vielleicht schläft er noch», spekulierte Michi. Wir standen vor der Wohnungstür, klopften lange und riefen seinen Namen. Offenbar war er nicht da, also gaben wir auf. Jack vertauschte noch die Fußmatten von zwei Wohnungen: «Nur so.» Wir spazierten ohne besonderes Ziel weiter, bummelten an den luxuriösen Schaufenstern der Innenstadt vorbei. Michi wollte in den Mannershop, ein kleines neues Geschäft, das ausschließlich der Wiener Mannerschnitte gewidmet war. Es gab Manner-Pullover, Manner-Stofftiere, Manner-Taschen. Wir bestaunten die Produkte: «Verrückt, wie man auf so etwas kommt.» Als wir das Geschäft wieder verließen, spannte Michi ein paar hundert Meter weiter einen Manner-Regenschirm auf, den er aus seiner Hose zog. Aus seinem Rucksack holte er einen Manner-Pullover, den er überstreifte, und eine Manner-Tasche, aus der Manner-Tasche holte er eine Flasche Manner-Likör. Er war jetzt ganz rosa. Nicht mal wir, die die ganze Zeit neben ihm hergingen, hatten gemerkt, wie er das alles mitgehen hatte lassen. Als wir an einer Buchhandlung vorbeikamen, las Michi einen Buchtitel vor: «DIE GROSSEN PHILOSOPHEN UND IHRE PROBLEME». Er musste lachen. «Schau, Samuel, das is für dich.» Samuel aß abgelenkt eine Packung Manner-Schnitten, die waren nämlich vegan, und schaute wütend auf die Fiakerfahrer. Als eine Kutsche vorbeifuhr, schrie er: «Tierquäler!»

Ich zwickte ihn in den Arm. «Oida, Samuel. Die Fiakerfahrer können ja nichts dafür. Das sind meistens Leut, die im Häfn waren.»

Und Samuel: «Deshalb dürfen sie Pferde foltern?»

Ich versuchte, ihn zu beschwichtigen. «Na, aber es sind vielleicht die falschen Feindbilder.» Ich wollte das Thema wechseln, außerdem hatte ich Hunger.

Michi meinte: «Na kommts, ich kenn einen urleiwanden Italiener ums Eck, da is Selbstbedienung.» Michi führte uns zu einem kleinen Lokal in der Rotenturmstraße. Wir setzten uns in den ersten Stock. Michi holte ein kleines Brieflein aus seiner Hosentasche, legte sich mitten am Tisch eine Line Koks und zog sie. Es war

14 Uhr. Natürlich fiel es niemandem auf. Er fragte, was wir essen wollten. Ich meinte, dass ich kein Geld hätte.

Michi: «Steffi, hier ist *Selbstbedienung.* Du gehst da einfach hin und bedienst dich, das ist total egal.»

Dass Michi das konnte, war klar. Ich war da nicht so unbekümmert. Stehlen traute ich mich normalerweise nur, wenn ich schon leicht einen sitzen hatte. Ich stellte mich bei der Lasagne an und ging, als ich sie am Teller hatte, das Tablett umklammernd verkrampft an der Kassa vorbei. Ich war mir sicher, dass meine Körperspannung mich sofort verriet. Michi war mit ein paar Pizzaschnitten für Samuel und Jack schon wieder oben. Ich spürte die Blicke in meinem Rücken. Ich wich dem Personal aus, aber tatsächlich, niemand hielt mich auf, und ich kam erleichtert im ersten Stock an. Ein Triumph. Wir ließen es uns gut gehen. Michi hatte eine Flasche Rotwein herbeigezaubert, und Samuel und Jack mampften zufrieden. Jack sagte: «La dolce vita.» Dann begann er, einen Joint zu bauen. Während Michi von einer angstfreien Unschuld geleitet zu sein schien, ahmte Jack das in seinem pubertären Eifer eher nach. Michi rückte mit einer neuen Info raus: «Ich weiß, in welchem Hotel der Georg Kreisler immer wohnt. Das ist auf der Tuchlauben. Gehen wir ihn besuchen?» Und wieder hatten wir einen Plan. Zehn Minuten später standen wir in der Lobby eines gutbürgerlichen Hotels. Michi fragte den Rezeptionisten: «Können Sie den Herrn Kreisler anrufen? Wir würden ihn gerne besuchen.» Der Rezeptionist meinte, er könne ihm höchstens eine Nachricht hinterlassen. Er gab uns einen Zettel, und wir setzten uns auf die pompösen Sessel in der Lobby. Ich bekam den Stift. «Was soll ich schreiben?», fragte ich Michi. «Schreib ...» Er schaute in die Luft und dachte nach. «Schreib: We love you longer than ever.» Ich schrieb den Satz auf, und jeder von uns unterschrieb: Samuel, Jack, Michi, Steffi. Samuel und ich waren etwas müde und wollten in Michis Wohnung abhängen. Michi und Jack liefen einige Meter hinter uns. Als der Bus Richtung Währing kam und wir einstiegen, waren die beiden nicht mehr zu sehen. Ich rief Michi an: «Hey, wir fahren schon mal vor, gehen durchs Fenster rein. Wo seids ihr geblieben?»

Michi war schon angeheitert: «Wir sind noch in so ein großes Hotel. Wie heißt das? Hilton! Ich hab da Champagner gefunden und Brötchen. Haha. Vom Feinsten.»

«Und der Jack?»

«Den hab ich grad angerufen, der is irgendwie in einen oberen Stock gegangen, er sagt, er lässt sich grad ein Bad ein!»

«Alles klar, dann bis später.»

«Wo sind sie?», fragte Samuel neben mir.

«Im Hilton Hotel, sie essen Brötchen und nehmen ein Bad.»

«Ah, okay.» Wir fuhren ein paar Stationen. Samuel sagte: «Du, Steffi ...»

«Ja ...?»

«Ach, nichts.»

Im Halbjahreszeugnis vor der Matura hatte ich vier Fünfer. Es war also absehbar, dass ich nicht würde antreten können. Die neue Direktorin bat mich in ihr Büro. Die Krebserkrankung der alten Direktorin war so weit vorangeschritten, dass sie nicht mehr arbeiten konnte. Man sagte, dass sie im Sterben lag. Die neue Direktorin kannte ich schon, denn es war meine ehemalige Geographielehrerin. Als sie mich noch unterrichtete, hatte ich sie als modern, quirlig und nicht besonders streng empfunden. Sie kannte mich, seit ich zehn Jahre alt war. Ich hatte für sie Vulkane gemalt und mit ihr Brötchen für Schulfeste gestrichen. Ich kannte ihre Kinder. Jetzt, als Direktorin, fiel mir erst auf, wie konservativ sie eigentlich war. Sie wirkte viel älter. Sie fragte mich streng: «Steffi, wie stellst du dir das vor, wie das weitergehen soll?»

«Na ja, ich werde wohl das Jahr wiederholen müssen», sagte ich zerknirscht.

«Weißt du, was man über dich im Lehrerzimmer hört? Dass du nichts leistest und dich mit allen nur anlegst. Denkst du, da hat noch irgendjemand Lust darauf?»

«Hm, na ja ...»

«Ich möchte eigentlich nicht, dass du an dieser Schule wiederholst, und der Großteil der Lehrerschaft will das auch nicht.»

«Okay.» Ich spürte Tränen hochkommen. Es kränkte mich, weil es persönlich war, und es machte mich wütend, weil ich es als ungerecht empfand. Sie kannte mich, als ich noch eine beliebte Einserschülerin gewesen war, und nun behandelte sie mich wie einen Klotz am Bein. Ich war in all den Jahren nie sitzengeblieben, und nun sollte ich gleich abgesägt werden. Das fand ich unmenschlich.

«Na gut, dann werde ich aufhören mit der Schule, wenn ich so ein Störfaktor bin.», sagte ich schließlich.

«Spiel dich nicht als Opfer auf. Wenn du freiwillig gehst, brauche ich dazu eine schriftliche Erklärung von dir.»

«Muss meine Mutter auch kommen?», fragte ich. Das ging mir alles zu schnell.

«Nein, die kannst du selbst abgeben, du bist ja jetzt volljährig. Unterschreib einfach das Formular.» An diesem Tag brach ich die Schule ab. Es fühlte sich nicht gut an, glaube ich, aber gleichzeitig befreiend. Genau weiß ich das nicht mehr.

Ich beschloss, meiner Mutter erstmal nichts von meinem Schulabbruch zu erzählen. Meine Freunde wussten alle Bescheid, aber meine Mutter musste ich sanft an die Tatsache heranführen. Sie würde schockiert sein, deshalb wollte ich es ihr erst sagen, wenn ich mit einem Plan B aufwarten konnte, mit dem ich sie wieder beruhigen konnte. Da meine Familie nicht sehr akademisch war, war es bei uns nicht wichtig zu studieren, aber es war schon wichtig, einen Plan zu haben und einen vernünftigen Beruf zu lernen. Dementsprechend war ein Abbruch kurz vor der Matura keine gute Neuigkeit. Ich wusste immerhin, dass es eine öffentliche Abendschule in Wien gab, in der man seine Matura kostenlos nachholen konnte. Angeblich war die sehr leicht, und ich kannte ein paar Leute, die sie besuchten. Dann musste ich halt ein Jahr absitzen, so was konnte vorkommen. Ich würde es ihr sagen, sobald ich mich dort angemeldet hatte.

Die Abende verbrachte ich jetzt oft damit, Bier zu verkaufen. Michi hatte immer einen kleinen Rucksack dabei, ich einen großen. Für ihn war es mehr ein

Taschengeld, ich nahm das Business ernst. 50 Euro verdiente ich mittlerweile pro Abend, und klugerweise behielt ich mir jetzt auch immer ein paar Bierdosen für den Eigenkonsum ein. So stieg ich im Plus aus. Meine logistischen Ressourcen erweiterte ich mit der Zeit, indem ich in einen Trolley investierte. So konnte ich die doppelte Menge transportieren. Ich expandierte. Die Leute kannten mich schon, und ich brauchte selten länger als eine halbe Stunde, um mein Abendgehalt zu kassieren. Das war sehr lukrativ. Mit dem Kiffen hatte ich komplett aufgehört und daher keine gröberen Ausgaben. Nach dem LSD-Trip hatte ich begonnen, nach einem Zug vom Joint Muster zu sehen und paranoide Gedanken zu haben, Flashbacks, also musste ich es aufgeben. Ich fand es schade, ich mochte meine bekifften Gedanken, und ich konnte mich währenddessen gut in Zeichnungen vertiefen, aber so brachte es nichts mehr. Da ich jetzt mehr Bier trank, freundete ich mich stärker mit Konsti an, weil er der tüchtigste Trinker von allen war. Er war ein sympathischer Klugscheißer, der eines Tages Schriftsteller werden wollte. Michi sagte immer, er sei verliebt in Konsti. Konsti meinte, Michi sei halt immer verliebt in die bestaussehendste Person im Raum, und seit Sarah einen runden Kugelbauch hatte und kaum mehr da sei, sei das eben er, Konsti. Michis «Verliebtheit» war unaufdringlich. Sie beschränkte sich darauf, dass er im vollbetrunkenen Zustand erwähnte, dass er verliebt sei. Konsti trank sehr viel und am liebsten in alten Beisln. Immer öfter taten wir das gemeinsam. Konsti konnte bösartig werden, wenn er getrunken hatte, er stichelte dann gerne in den Wunden seiner Mitmenschen. Zu mir war er aber immer nett. Er sagte, ich sei einfach zu intelligent, um ihm auf die Nerven zu gehen. Nach einer gemeinsamen Zechtour landeten wir in der Müllerin am Yppenplatz. Der Yppenplatz war eine hippe, alternative Gegend, aber die Müllerin war noch ein authentisch kaputtes Wirtshaus, das dort seit Jahrzehnten stand. Das Essen war fürchterlich, und es hatte 24 Stunden offen. An der Bar saßen an diesem Morgen ein schwer tätowierter, dicker Mann und seine schwer tätowierte Tochter. Er packte sie an der Schulter und sagte: «Geh, kum her, Schatzi, gib ma a Bussi.» Und wenn sie sich weigerte, sagte er: «Du blade Sau, geh scheißen.»

Die junge Frau begann zu heulen und jammerte, dass der Vater sie immer «blad» nannte, dabei wiege sie doch nur noch 45 Kilo. Sie packte ihn am Kopf und schrie «Du host mi ind Mogasucht trieben, du oides Oaschloch!» Wir schauten uns dieses Hin und Her an, bis wir kein Geld mehr hatten. Ich wusste, dass meine Mutter nun bald zur Arbeit aufbrechen würde, und da ich in der Nähe wohnte, gingen wir noch zu mir und kochten Nudeln mit Ketchup. Konsti ging nach dem Essen nach Hause, und ich wollte zum Arbeitsamt für Jugendliche. Um mich für die Abendschule anmelden zu können, musste ich als arbeitslos registriert werden. Halb ausgenüchtert spazierte ich dort hin. Vor dem Gebäude war einiges los. Drinnen musste man eine Nummer ziehen und warten, bis man aufgerufen wurde. Ich fand noch eine Dose Bier in meinem Rucksack und öffnete sie. Zwei Punks schnorrten mich um eine Zigarette an. Sie setzten sich zu mir und fragten, ob ich jemanden kenne, der eine Kamera kaufen wolle. Ich handelte sie auf 30 Euro herunter und kaufte sie selbst. Mir war klar, dass sie mindestens das Zehnfache wert war. Auf der Speicherkarte waren Fotos einer japanischen Familie vor Wiener Sehenswürdigkeiten. Ich löschte sie. Als ich dran war, bekam ich rasch meine Bestätigung und konnte wieder gehen. Neben dem Arbeitsamt war eine Zoohandlung. Ich schaute mir die Vögel an. Drei kleine Mädchen standen auch vor dem Schaufenster. Ich fragte die, die man als Rädelsführerin erkannte: «Findet ihr das auch so traurig?»

Und das Mädchen sagte: «Ja, im Regenwald wären die sicher fröhlicher.»

Als ich in Michis Wohnung erzählte, dass ich die Schule abgebrochen hatte, bewunderten mich die Burschen für meinen Mut. Moritz nahm es sich zum Vorbild und brach zwei Wochen später ab. Wer brauchte schon die Schule? Samuel und Jack fragten mich, wie es mir so ginge mit dieser Entscheidung. Ich kann mich an diesen Moment nicht gut erinnern, aber heute erzählen sie mir, ich hätte an dem Tag aus irgendeinem Grund einen Hampelmann in der Hand gehabt. Ich hätte immer wieder an der Schnur gezogen, sodass sich Arme und Beine auf und ab bewegten, und hätte mit verstellter Stimme «Alles wird gut. Alles wird gut» gesagt. Woher ich diesen Hampelmann hatte, wusste niemand mehr.

Zu Sarah hatte ich immer weniger Kontakt. In die Schule ging ich ja nicht mehr, und ihre freie Zeit verbrachte sie mit Peter. Sie war vorübergehend mit in die kleine Wohnung, die er mit seiner Mutter teilte, gezogen. Sie wollte seinen Alkoholkonsum in den Griff bekommen, aber er trank immer mehr und unterstützte sie kaum. Nur hin und wieder waren wir spazieren. Sie erzählte nicht viel darüber, wie es ihr ging. Wir redeten eher über linke Utopien als über Gefühle. Später sagte sie mir, dass sie sich von mir im Stich gelassen gefühlt habe. Aber auch ich fühlte mich ein bisschen von ihr im Stich gelassen. Sie verstand meinen Schulabbruch nicht und wie sehr mich der Schulalltag gequält hatte, schließlich schaffte sie es ja auch, obwohl sie schwanger und in einer schwierigeren Situation war. Aber ich war eben nicht sie, und sie war nicht ich. Irgendwie dachte ich damals einfach, dass sie Superkräfte hätte. Die Leute gafften uns an, weil Sarah so jung war und so einen Riesenbauch hatte. Teenagermütter waren in Währing eine Sensation. Wir saßen auf einer Bank in der Sonne, und Sarah zog ihr T-Shirt hoch und sonnte ihren nackten Bauch. Ich trank Dosenbier und rauchte. Wenn wir von Pensionisten skeptisch angeschaut wurden, klatschte sie mit beiden Händen auf ihren Bauch und rief: «Zu viel Bier.» Dann lachten wir. Ich hatte sie vermisst.

Ich gestand meiner Mutter, dass ich von der Schule

abgemeldet war. Ich tat es vorsichtig. Ich spürte ihren Kummer. Vor allem, dass ich ihr davon nichts gesagt hatte, dass ich sie nicht gefragt hatte, machte die Situation heikel. Ich erzählte ihr, dass die Direktorin es mir nahegelegt, ich gar nicht anders gekonnt hätte. Ich versuchte es mit der Opferrolle: «Die wollten mich dort einfach nicht mehr.»

«Wie soidn des weitergeh mit dir?», fragte meine Mutter bedrückt. Ich fühlte mich schuldig. Meine Strategie war aber nicht so schlecht. Ich erklärte ihr, dass ich nach dem Sommer mit der Abendschule beginnen würde. Ich zeigte ihr die Anmeldung. Sie schluckte. Ich merkte, wie sie sich selbst beruhigte. Sie hatte in den letzten Monaten deutlich resigniert. Außerdem war sie gut darin, sich in Gelassenheit zu üben, eine echte Pragmatikerin. Sie behielt die Fassung. Auf einem Bauernhof aufgewachsen, hatte sie von Kindheit an viel gearbeitet und mir mal erklärt: «Für die meisten Gefühle gibt's im Dialekt net amoi Wörter.» Sie wurde wieder cool: «Na guat. Jetzt kau mas eh nimma ändern. Oba du suachst da jetzt a Oabeit.» Ich versprach, mich um einen Job zu kümmern. Ich erzählte ihr von meinem erfolgreichen Bierbusiness. «A richtige Oabeit», setzte sie nach.

«Ja, okay.» Ich war erleichtert. Zum ersten Mal fühlte ich die Befreiung richtig. Alles würde gut werden.

Der Wiener Blindenverein suchte SpendensammlerInnen. Ich bewarb mich um diesen Job und verschlief den Termin. Dann hörte ich meine Sprachbox ab, der

Termin war auf den Nachmittag verschoben worden – Pech im Unglück. Ich machte mich auf den Weg in den 22. Bezirk, fühlte mich hinüber und verlottert. Aus meiner Leberkäseerfahrung hatte ich gelernt und trug immerhin meine adretteste Kleidung mit den intaktesten Schuhen. Als ich dort ankam, hatte sich das Team versammelt. Angenehm überrascht stellte ich fest, dass alle anderen sehr runtergekommen ausschauten. Außer mir waren da ein 40-jähriger Typ, der kaum noch Zähne im Mund hatte, ein überdrehter Hippie, der die ganze Zeit Witze machte, ein Tiroler Student, eine 40-jährige Saxophonistin, die streng roch, und eine ältere Frau mit unfrisierten Haaren, die am hinübersten von uns allen aussah. Erstmal sollte ich eingeschult wurden. Aber bevor es losging, wurde viel geraucht. Alle rauchten Kette. Der Smalltalk ging gleich mal um Drogen, Sex und Depressionen. Die ältere Frau erzählte unbefangen, dass sie manisch-depressiv sei und überhaupt nur alle zwei Monate arbeite. Die restliche Zeit würde sie sich nicht aus dem Haus trauen. Das würde ganz gut funktionieren, denn während der Manie hätte sie die beste Keilerquote im ganzen Verein. Der Teamleiter wirkte mit seinem Schnauzer, seinem Hemd und seiner Krawatte am normalsten, doch seine unsichere Art und sein ständiges Kichern relativierten das konventionelle Äußere wieder. Alles im normalen Berufsleben Scheiternde, dachte ich mir. Da passte ich gut hin. Im Rudel gingen wir in Kagran durch riesige Gemeindebauten wie auf eine Jagd. In Zweiergruppen liefen wir von Tür zu Tür. Ich ging mit dem Teamleiter mit und sah dabei zu, wie ihm die Türen vor seiner kleinen Nase zugeschlagen wurden. Läuten, freundlich grüßen, den Blindenverein gleich erwähnen, zack, schon flog die Tür ins Schloss. Wenn sie mal offen blieb, weil es eine langsame Oma war, hieß es sie zuzutexten, bis sie sich nicht mehr auskannte. Wenn man Glück hatte, unterschrieb sie den Spendenvertrag. Ich sollte es auch mal versuchen. Aus irgendeinem Grund dachte ich mir, ich könne es sicher besonders gut. Ich würde es auf eine zurückhaltende, authentische Art versuchen. Die Menschen schätzen schließlich Ehrlichkeit und Unaufdringlichkeit. Zwanzig Türen wurden vor mir zugeworfen, ich wurde als «Hausiererin», «lästige Wanzn» und «Oaschloch» beschimpft. Der Teamleiter meinte, ich solle nach dem Gesprächsleitfaden arbeiten und hartnäckiger sein, das würde schon werden. Danach trafen wieder alle zusammen, um «die Erfolge zu besprechen». Der Teamleiter hatte zwei «aufgeschrieben», die verlotterte, alte Frau hatte acht, ich hatte niemanden. Der Teamleiter überreichte mir die Mappe mit den Blankospendenformularen und dem Gesprächsleitfaden wie einen Schatz: «Willkommen im Team.» Er bläute mir noch ein, dass er die Mappe auf jeden Fall zurückwolle, falls ich es mir anders überlegte. Der Hippie fragte mich, ob wir gemeinsam ein Bier trinken wollten. Er erzählte, er sei Geschichtsstudent. In dem Tschocherl, das wir ausgewählt hatten, waren nur alte Herren. Sie hatten seit Jahren keine junge Frau mehr gesehen. Mir wurden Zigaretten gebracht und angezündet. Das nächste

Bier ging auf sie. Nach dem fünften Bier schmusten der Hippie und ich, dann fuhr ich nach Hause. Den Job wollte ich auf gar keinen Fall machen, und ich hob einfach das Handy nicht mehr ab, wenn der Teamleiter anrief. Die Mappe lag noch Monate in meinem Zimmer. Immer wenn ich sie sah, dachte ich an seine Worte, die Mappe auf jeden Fall zurückzuwollen. Viele Monate und 30 unbeantwortete Anrufe später hämmerte es bei uns zu Hause an der Tür. Durch den Türspion sah ich den kleinen, schnauzbärtigen Mann vom Blindenverein. Wortlos überreichte ich die Mappe, sagte «Sorry» und schloss die Tür schnell vor seinem verdutzten Gesicht.

Ich hatte, bevor die Abendschule beginnen würde, noch sehr viel Tagesfreizeit. Viel mehr als die anderen. Das führte dazu, dass ich immer mehr alleine unternahm. Dabei fühlte ich eine Einsamkeit, die sich poetisch und abenteuerlich anfühlte. Einmal die Woche kaufte ich mir den Augustin, in dem kostenlose Kulturveranstaltungen standen. Weil ich arbeitslos war, hatte ich außerdem einen Kulturpass, einen Ausweis für Arbeitslose, mit dem man kostenlos Museen, Ausstellungen, Konzerte und Theater besuchen konnte. Fast jeden Abend ging ich allein in eine Lesung oder in ein Theater und ließ mich berieseln. Danach schaute ich in heruntergekommene Beisl, in die Pandoras Box oder das Nachtasyl. Dort fühlte ich mich wohl. Hin und wieder traf ich den Hippie vom Blindenverein. Ich hatte kein ernstes

Interesse, aber ich fand, dass er sehr gut küsste. Er beschwerte sich, dass ich mich zu selten melde. Untertags trieb ich mich oft mit Michi herum, manchmal hatten wir den blonden Herbert im Gepäck. Der blonde Herbert hatte seit neuestem die Angewohnheit, ein Seifenblasendöschen mitzuführen und Seifenblasen zu blasen. Dabei rauchte er eine Zigarette nach der anderen. Er ließ die Zigaretten immer bis zum Ende abbrennen, sogar der Filter glühte und rauchte. Wenn die Glut schon fast seine Finger erreichte, nahmen Michi oder ich sie ihm aus der Hand und warfen sie weg. Ich stellte mir vor, wie er mit seinem versteinerten Grinsen da saß, während seine Hand in Flammen aufging. Auch Rainer war oft mit von der Partie. Rainer hatte wegen eines Hüftleidens einen ungelenken Gang. Er war gewitzt, aber im Gegensatz zu Michis tänzelnder Eleganz war sein Auftritt plump und gierig. Ständig machte er anzügliche Witze und kommentierte meinen Busen. Er fragte dann einfach direkt, ob mein T-Shirt enger geworden war oder meine Duttln gewachsen seien. Ich mochte ihn aber trotzdem. Er war nämlich immer nur so lange anzüglich und übergriffig, bis man mit ihm allein war. Allein traute er sich so was nicht. Deshalb fühlte ich mich immer sicher. Einmal verbrachte ich die ganze Nacht mit ihm in seiner Wohnung. Ich wollte ihn nur kurz besuchen, bevor ich Freunde vorm Flex traf, aber wir blieben einfach hängen. Wir hörten Musik, tranken Bier und redeten. Er erzählte von Michis und seiner Vergangenheit. Sie hatten einander im Internat der Wiener Sängerknaben kennengelernt. Dort hätte Rainer seinen ersten Blowjob bekommen, von einem Mitschüler. Rainer war allerdings nicht direkt im Internat untergebracht, sondern bei einem Onkel in der Nähe, der ihn tun und lassen ließ, was er wollte. Also feierte er schon mit zwölf Partys in dessen Haus, zu denen nur ältere Leute kamen. Mit 14 Jahren fingen er und Michi an, auf Schnapsturnieren Geld zu verdienen. Das klappte ganz gut, vor allem Michi war sehr geschickt und verlor nur selten. Er hatte eine ausgefeilte Zähltechnik. Ihr Geld investierten sie unter anderem in Reisen. Sie flogen zum Beispiel nach England und feierten ein paar Wochen lang in London. «Was habts ihr da so gemacht?», fragte ich.

«Na ja, wir ham halt gsoffn und uns aufgeführt. Da war ma noch jung und fesch und hatten ständig Frauen, bei denen wir schlafen konnten.» Rainer zeigte mir ein altes Foto von sich. Er war richtig athletisch gewesen. «Ich war Schwimmer. Ein richtiger Leistungssportler.» Vermutlich dachte er deshalb, dass er bei jungen Frauen landen konnte. In seiner Eigenwahrnehmung sah er wohl immer noch so aus. Michi bestahl Rainer und flog nach Argentinien, Rainer zeigte den Diebstahl an, und die Versicherung erstattete ihm den Schaden. Dasselbe taten sie mit Reisekoffern. Sie bestahlen sich an den Flughäfen abwechselnd gegenseitig und kassierten die Versicherungen. Damit verdienten sie ihr Geld und reisten wahllos durch die Welt, von Ägypten nach Bali, von San Francisco in die Schweiz. Eine Zeitlang war Rainer auch Schausteller gewesen. Er hatte ein Geschicklichkeitsspiel erfunden und war damit über Jahrmärkte gezogen: Dabei musste man eine Leiter hochklettern, die so montiert war, dass sie sich ständig um die eigene Achse drehte. Ganz oben war ein Packen Geldscheine zu erreichen. Niemand schaffte es, weil die Kunden bedacht und langsam probierten, die Leiter zu erklimmen. Eines Tages fand jemand den Trick raus, mit dem man an die Geldscheine kam: Man musste die drehende und wackelnde Leiter nämlich möglichst schnell hochspringen. So war es für Rainer dann vorbei mit dieser Karriere, weil es sich nicht mehr rentierte. Viele Jahre verkaufte er auch Spruch-T-Shirts. Stolz erzählte er, er sei der Erfinder des Spruchs: «Nie wieder Faschiertes», seinem Bestseller. Er holte aus seinem Schrank eins der T-Shirts hervor, auf dem stand: «HIV-positiv». Das schenkte er mir und ich trug es häufig. In den letzten Jahren war er aber ruhiger geworden und hatte sich auf Antiquitäten und Kokain spezialisiert. Er kannte sich wirklich gut aus mit alten Büchern, Kunstwerken und Koks. Im Gegensatz zu Michi, den wir auch schon in Stimmungstiefs erlebt hatten, neigte Rainer nicht im Geringsten zur Depression. Wenn ich ihn fragte, ob es ihm nicht auch manchmal schlecht ginge, nachdem er exzessiv unterwegs war, meinte er: «Darüber denk ich gar net nach! Das is mir die Zeit nicht wert.» Ich kaufte es ihm sofort ab. Er schien wirklich frei von Selbstzweifeln. Die Sonne fing an, durchs Fenster zu scheinen, der Morgen brach in unseren Gesprächsfluss, und ich realisierte, dass ich zum Nachhilfeunterricht gehen hätte müssen. Meine Mutter hatte mir auf meinen Wunsch hin ein paar Stunden gezahlt, damit ich wieder Anschluss in Mathematik finden würde. «Fuck, Rainer, was mach ich bloß? So kann ich da unmöglich hin!», meinte ich, als der Rausch nachließ und das schlechte Gewissen kam. Rainer lagen solche Grübeleien fern. Er rief im Institut an, sagte: «Guten Morgen, ich bin der Vater von der Sprengnagel. Die Steffi is heut leider krank. Können wir die Stunde gutgeschrieben kriegen? Ja, danke, sehr gut. Meine Verehrung.» Er legte auf. «Schau, Steffi, das is alles überhaupt kein Problem, scheiß dich nicht gleich an.» Ich fuhr erleichtert mit der Straßenbahn nach Hause für ein paar Stunden Schlaf.

Rainer hatte Diabetes, und er musste sich regelmäßig Insulin spritzen. Das war keine große Sache, aber wenn er sich die Nächte um die Ohren schlug, wurde er unachtsam. Einmal saßen wir in einer Runde in Michis Wohnung, und Rainer fing im Sitzen an, sich die Schuhe auszuziehen. Er lachte seltsam und begann, mit seinen Zehen zu spielen. Wir wunderten uns, er wirkte wie ein gigantisches Kleinkind, es war komisch, und wir lachten. Er begann, Babysprache zu reden. Wollte er uns verarschen? Michi war gerade in der Küche beschäftigt. Als er zurückkam und sah, wie Rainer sich gerade in ein Riesenbaby verwandelte, wurde er aufgebracht. «Er hat Unterzucker! Schnell! Lasst's mich durch.» Rainer fing plötzlich an zu zucken, er bekam Krämpfe. Michi hatte rasch ein Löffelchen Honig vorbereitet und stürzte auf Rainer zu. Er schob es ihm in den Mund. Nach einer halben Stunde war Rainer wieder normal. Er dankte Michi und versprach, künftig vorsichtiger sein.

Sowohl Michi als auch Rainer waren sehr großzügig zu uns, aber auch zueinander. Als ich eines Nachmittags mit Doro und Johanna bei Michi saß, studierte dieser gerade die neueste Supermarktreklame. Beim Spar würde man für zwanzig Treuepunkte einen Pürierstab bekommen. Michi ringelte ihn mit einem Kugelschreiber ein: «Den hätt ich urgern!» Seine Lieblingsspeise war Kartoffelpüree, genau wie die von Doro und mir. Doro fragte ihn: «Sammelst du überhaupt Treuepunkte, Michi?» «Nein, obwohl ich immer nur zum Spar fladern geh. Da bin ich wirklich der Treuste.» Rainer wollte Bier kaufen gehen, und ich begleitete ihn. Am Weg hin sagte er mir, wir würden Michi jetzt diesen Pürierstab besorgen, er wolle eigentlich nur deshalb zum Spar, als Überraschung. Rainer stahl eben auch gern, aber im Gegensatz zu Michi war er nicht unauffällig und leichtfüßig dabei. Er polterte förmlich durchs Geschäft mit seinem riesigen, schlecht gesteuerten Körper. Er schob sich schwerfällig Bierdosen in die Hose und in die Innentasche seiner Jeansjacke. Dann suchte er den Pürierstab. Wir fanden nur einen, der in einem Regal ausgestellt war, um Anreize zum Treuepunktesammeln zu liefern. Rainer schnappte mit seinen großen, dicken Händen nach dem Gerät und schnitt sich an dem kleinen Drehmesser den Daumen blutig. «So eine Scheiße!», schrie er, steckte das Ding aber trotzdem zwischen Steißbein und Gürtel. Er lutschte an seinem Daumen. Das Blut rann über seine Hände. Ich gab ihm ein Taschentuch, das ich in meinem Mantel fand. An der Kasse murmelte er: «So, Steffi, und jetzt zeig ich dir, wie man das macht. Schau ma zu, da lernst no was.» Seine Hosen waren verbeult vom Diebesgut. Mit seiner blutigen Hand nahm er eine Packung Kaugummis und legte sie aufs Band. Dabei lachte er sein dreckiges Rainerlachen, zahlte den Kaugummi, und wir gingen. Zurück in Michis Wohnung, überreichte er Michi stolz den Pürierstab. Michi lachte gerührt und klatschte in die Hände. «Danke, Rainer! Das ist so lieb!» Er steckte den Pürierstab ein, und das blutige Drehmesser surrte. «Damit mach ich euch eine Erdbeermilch oder ein Püree. Mhhh ... Werd's sehen, das is vom Feinsten.»

An dem Tag, als Doro und Irmi Matura machten, war ich zu Mittag aufgewacht und beschloss, sie abzuholen. Sie waren beide Einserschülerinnen und hatten nichts zu befürchten. Als ich das Schulgebäude betrat, standen da die Buffetdame Frau Sabine und die Schulwärtin Frau Helga. Sie schienen ganz überrascht: «Na, hallo, Steffi! Was machst denn du da? Wie geht's dir denn jetzt?»

Ich war unangenehm berührt. «Äh ... ja ... eh gut ...»

Frau Helga sagte mit besorgtem Blick: «Das ist ja so schade, dass du abgebrochen hast. Du warst doch so ein Wiffzack. Was soll denn jetzt aus dir werden?»

Gott sei Dank kam schon Doro auf mich zugelaufen und rettete mich aus dem Gespräch. Wir gingen in den

Raum, in dem man während der Matura rauchen durfte. Ich hatte Dosenbier dabei, und Doro und ich stießen an. Doro und ich waren eigentlich befreundet, seit wir elf waren. Mit 14 hatten wir uns zerstritten und uns jetzt erst wieder versöhnt. Während meine Noten immer schlechter geworden waren, blieb sie eine gute Schülerin. Sie ging aus, sie kiffte, sie soff, sie hasste die Schule, aber sie bekam das mit dem Lernen und dem Hingehen trotzdem gut hin. Sie liebte Sprachen und sprach neben Englisch schon fließend Französisch. Nach der Matura wollte sie ein Jahr nach Ostafrika gehen, dafür lernte sie gerade eifrig Kiswahili. Ihre Eltern waren Ärzte und schon oft auf Einsätzen für Ärzte ohne Grenzen gewesen. Sie würde dort bei einem befreundeten Arzt leben und Kinder unterrichten. Ich beneidete sie sehr darum. Und auch Irmi war eine Spitzenschülerin, die ich schon lange kannte, mit der ich aber erst seit einem Jahr näher befreundet war. Sie war wirklich ehrgeizig, auch im Sport, und ihren Eltern zuliebe studierte sie nach der Schule sogar Jus. Das war in unserem Kreis eine echte Ausnahme. Sie schloss das Studium unter dem Mindestzeitraum ab, nur um dann endlich Dinge studieren zu können, die sie wirklich interessierten: Sportsoziologie. Trotzdem war sie eine gemütliche, linke Zecke. Sie war zwar streng zu sich selbst, aber das glich sie mit ihrem Sarkasmus aus. Als ich gerade mein Dosenbier öffnete, kam die Mathelehrerin rein und fragte in übertriebener Anteilnahme: «Na hallo, Steffi, wie geht's dir jetzt? Was treibst du denn jetzt so?»

«Ja eh gut, im Herbst fange ich in der Abendschule an.» Diese Lehrerin hatte mich immer besonders gequält. Ich hatte sie oft gezeichnet, weil das einfach war. Sie wirkte von Natur aus wie eine Karikatur. Einmal hatte sie eine Zeichnung in die Hände bekommen, als ich sie unter der Bank in der Klasse herumgereicht hatte. Dafür bekam ich wieder mal einen Klassenbucheintrag. Beim zweiten Bier erschien der Zeichenlehrer. Ein alter Mann mit einem Zwirbelbart und exzentrischen Kopfbedeckungen: «Ja, Steffi, was machst du denn jetzt?»

Ich war schon etwas erschöpft von diesen Dialogen und antwortete: «Na nix, ich mache einfach nix.»

«Ah ... aha ... ja. Ich habe schöne neue Bilder von dir gesehen. Ja, sehr gute Zeichnungen. Wie geht's dir sonst so?»

Schon etwas zur Provokation aufgelegt, antwortete ich: «Mir geht's schlecht. Mir ist alles wurscht. Ich spüre eine große Gleichgültigkeit.»

Der Zeichenlehrer räusperte sich: «Ach so, ja, haha. Na ja, immer kleine Schritte setzen, gell, immer kleine Schritte. Nie den Mut verlieren.»

«Schritte Richtung Abgrund, Herr Professor?»

Jetzt war es der Professor, der sich aus dem unangenehmen Gespräch befreien wollte. Ich fing an zu lachen.

Dann kam die Deutschlehrerin: «Na hallo, was machstn du jetzt, Steffi?»

Ich war mittlerweile betrunken und eierte: «Ich versinke in Lethargie, Frau Professor. Ich bin eine schwer depressive Jugendliche.»

Die nächste Begegnung hatte ich mit der Biologielehrerin. Für Naturwissenschaften hatte ich nie großes Interesse aufgebracht, aber sie schien mir eine der wenigen Lehrerinnen, die Jugendliche mochte und nicht aus irgendeiner Verzweiflung in diesen Job gestürzt war. «Na, Steffi, wie gehts da denn jetzt?»

«Jo, geht eh.»

«Du warst doch so ein aufgewecktes Mädchen! Das ist so schade, dass du abgebrochen hast. Bist du in irgendeiner Behandlung?» Weil sie mich so mütterlich ansah, erzählte ich ihr, dass ich recht glücklich wäre über den Abbruch und viele tolle Pläne hätte. Am Weg nach draußen sahen Doro und ich am anderen Ende des Flurs die Direktorin stehen. Sie sah zu uns. Ich zeigte ihr genüsslich den Mittelfinger, und Doro und ich verschwanden aus dem fürchterlichen Gebäude. «Nie wieder», schrie Doro, und ich spuckte feierlich vor die Eingangstür.

Samuel und Jack stellten ihren übertriebenen Drogenkonsum wieder ein. Stattdessen strebte Samuel plötzlich Askese an. Er trank nur noch stilles Wasser, entdeckte sein Faible für Meditation und Nahrungsergänzungsmittel. Auch Jack nahm Ernährung plötzlich sehr ernst und aß fast nur noch Nüsse und Fleisch. Während Samuel uns von Ginseng vorschwärmte und mir Magnesiumtabletten mit den Worten «Packst du das, Steffi? 300er Kapseln!!! Das is so cool. Willst du probieren?» präsentierte, kaute Jack an einem luftgetrockneten Stück Wildschwein. Dazu aß er Kakaobohnen. Jeden Morgen meditierte Samuel eine Stunde. Er strebte dabei aber nicht Erleuchtung und Weltfrieden an, sondern Erhabenheit. Sein Meditieren war, wie seine sonstigen sprachlichen Ausdrucksarten, eine Art Kampfansage gegen seine Verletzlichkeit. Es hatte nichts Hippieskes, es war eher kriegerisches Meditieren gegen die profanen Bedürfnisse des Pöbels. Wir waren auf dem Weg zu einer großen Drogerie, in der sie sich die Ausstattung für ihren neuen Lifestyle besorgen wollten. Wir spazierten über die Mariahilferstraße und trafen vorm Generalicenter ein paar Punks, die dort immer saßen. Nina, ein Punkermädchen, kannten wir besser, und so setzten wir uns auf ein Bier dazu, Samuel nippte an seiner Wasserflasche. Sie hatten vor ihrer Gruppe ein großes Schild aufgestellt, auf dem stand: «Sorry, dass wir leben.» Daneben hatten sie eine Anlage stehen. Ich fragte, ob ich eine von meinen CDs spielen könnte, und wählte «Wenn alle das täten» von Georg Kreisler: «Bleiben Sie doch mal Ihrer Arbeit fern, gehen Sie stattdessen spazieren, wenigstens vormittags, das macht doch Spaß. Schlafen Sie aus oder lesen Sie was!» Einer der Punks forderte mich zum Paartanz auf. Nach dem Bier zogen wir weiter. Wir waren eingeladen, Konsti in seiner Arbeit zu besuchen. Er machte jetzt, nach der Matura, seinen Zivildienst. Jack und Samuel hatten es irgendwie geschafft, sich als untauglich einstufen zu lassen. Michi hatte sie beraten.

Konsti schien seine Arbeit zu gefallen. Er arbeitete in einer Tageseinrichtung für behinderte Menschen und unterrichtete dort Englisch. Er meinte, er würde meistens mit ihnen «If you're happy and you know it», singen und nannte die Jugendlichen, die er betreute, in einer Mischung aus Garstigkeit und Fürsorge «meine Dummies». An diesem Tag fand die monatliche Disco statt, zu der wir eingeladen waren. In einem kleinen Partykeller lief Eurodance, und die behinderten Jugendlichen tanzten dazu. Es gab Discolicht, Chips und Konfetti. Alkohol wurde keiner ausgeschenkt, also kippten wir uns heimlich am Klo Schnaps in die Limonade. Konsti tanzte abwechselnd mit den Jugendlichen, die im Rollstuhl saßen. Er kippte dann ihren Stuhl um 45 Grad und drehte sie wild im Kreis um die eigene Achse. Auch er trank heimlich fleißig mit und wurde immer leichtsinniger. Er drehte ein Mädchen, das vor Freude quietschte, immer wilder, bis sie beide umfielen. Das Mädchen lachte, rutschte aus dem Rollstuhl, und wir halfen ihnen wieder auf. Um elf Uhr war es Zeit für uns zu gehen. In Michis Wohnung.

Es gab einen neuen Kellner im Joe's: Gerry. Die Burschen verstanden sich gut mit ihm, und er kam auch manchmal in Michis Wohnung mit. Er war Ende zwanzig und machte sich bei den jungen Leuten beliebt, indem er Runden von Schnäpsen springen ließ. Ich mochte ihn gar nicht und sagte das allen deutlich, seine Art war schleimig, er sah uns Mädchen immer sehr durchdringend an mit seinen blauen Augen, und jeder Satz aus seinem Mund erschien mir manipulativ. Von Anfang an war ich vor ihm auf der Hut. Die Leute in Michis Wohnung nahmen es mit dem Gesetz nie so genau, waren im Grunde aber harmlose Gauner. In Gerry hingegen meinte ich ein richtiges Schlitzohr zu erkennen. Auch Michi verbrachte ein paar Wochen lang viel Zeit mit ihm, Gerry lud ihn nämlich auf Kokain ein. (War ja klar, dass der ein Kokser war.) Gerrys Vater war reich und besaß mehrere Tankstellen und Garagen. Ich hatte immer das Gefühl, er führe irgendetwas im Schilde. An einem Freitag um drei Uhr nachts läutete mein Telefon. Es war Michi:

«Steffi? Wo bist du? Was machst du noch?»

«Ich bin daheim, ich hab geschlafen.»

«Okay, zieh dich an, mach dich fertig, wir holen dich mit dem Auto ab.»

«Was, wieso habt ihr ein Auto?»

Aus dem Hintergrund hörte ich Jack rufen: «Sag ihr, sie soll ihren Pass mitnehmen!»

«Nimm deinen Pass mit, wir fahren auf Urlaub!»

«Bitte, wieso habt ihr ein Auto? Wer fährt denn?»

Jack übernahm das Handy: «Wir haben ein Auto gefladert, also der Gerry hat eins ausgeborgt. Oida, Michi, du fährst fix nicht, du bist ja völlig besoffen!»

«Is das euer Ernst?»

«Ja, das passt schon. Komm mit!»

«Nein, das könnt ihr vergessen. Ihr wollts über Grenzen fahren mit einem gestohlenen Auto, ihr habts wahrscheinlich auch was zum Rauchen dabei, und NIEMAND von euch hat einen gültigen Führerschein. Das könnt ihr allein machen. In einer Stunde seid ihr verhaftet.»

Jack: «Also, ich glaub, wir sind übermorgen in Portugal, und du wirst es bereuen, nicht mitgefahren zu sein.»

Das Auto ging kurz nach Wien, in Mank, ein. Ein paar Tage später wurden alle drei von der Kriminalpolizei abgeholt. Jack aus seinem Elternhaus, Michi aus der Wohnung und Gerry von wo auch immer. Nach zwei Tagen Untersuchungshaft, in denen Jack die Zelle mit zwei Mördern teilen musste, kam er kleinlaut zurück in Michis Wohnung und erzählte uns die Geschichte dieser Freitagnacht genau nach. (Michi war noch schneller entlassen worden als Jack: wegen seiner Haftuntauglichkeit.) Jack erzählte also, sie seien nach einem Abend im Joe's zu dritt zu einer Garage von Gerrys Vater aufgebrochen. Dort standen immer einige frisch reparierte Autos herum und warteten darauf, von ihren Besitzern abgeholt zu werden. Gerry sei flink wie ein Hase durch ein halboffenes Fenster in das Büro seines Vaters eingebrochen und hätte erst mal alle Kassen geknackt und geleert. Dann habe er die Garage aufgesperrt. Gerry wollte sich gleich den fettesten BMW schnappen und damit nach Amsterdam fahren, aber Jack überredete ihn dann zu einem Golf, um weniger aufzufallen. Zuerst fuhr Gerry, er fuhr gegen die Einbahn und mit 150 durch den Stadtverkehr, dann düste er durch die Höhenstraße, so schnell, dass sie sich fast überschlagen hatten. Da bekam Jack zum ersten Mal Schiss. Michi hatte das Steuer übernommen. Irgendwann ließen sie sogar Jack fahren, der noch nie am Steuer eines Autos gesessen hatte. Da waren sie schon ein bisschen außerhalb der Stadt. Jack fuhr dann ein paar Runden im Kreis, immer schneller, alles im ersten Gang. Nach fünfzehn Minuten brannte das Getriebe des Wagens durch, und das Auto blieb mitten vorm Gemeindeamt liegen. Das war's mit der Reise. Gerry meinte, sie müssten das Auto jetzt im nächsten Gewässer versenken. Er kenne einen Teich in der Nähe. Das war Jack zu steil. Ein Auto ausborgen, okay, aber ein Auto *zerstören*, nein. Er überredete Gerry mit aller Kraft, das Auto nicht zu versenken. Es war mittlerweile fünf Uhr früh, und sie machten sich auf die Suche nach dem nächsten Bahnhof. Dort nahmen sie den ersten Zug zurück nach Wien. Michi wankte nur noch, und da sie keine Tickets hatten, schmiss sie der Kontrolleur wieder raus, also hieß es auf den nächsten Zug warten. Irgendwann schafften sie es dann mühselig zurück, schliefen erstmal aus und lebten ihr Leben die kommenden Tage weiter. Uns gegenüber verloren sie wenige Worte über ihren gescheiterten Trip. Aber Gerrys Vater kannte seinen Sohn und zeigte ihn sofort an, als klar war, dass eingebrochen worden war. So wurde Jack von der Polizei daheim abgeholt. Seine Eltern waren gerade aus dem Urlaub zurückgekommen und sehr verwirrt. Michi wurde ebenfalls abgeholt. Es war völlig klar: Gerry hatte die beiden verpfiffen. Gegen ihn gab es später ein Dutzend ausstehende Verurteilungen, und beim ersten Freigang tauchte er unter. Er verschwand wie ein U-Boot, niemand wusste, wohin. Seit Jahren hat ihn niemand mehr gesehen. Die Geschichte beeindruckte alle.

Ich stand am Wiener Westbahnhof, schaute mir die Züge an und las eine Werbung für ein 25-Euro-Ticket nach Krakau. Ich beschloss, eine Reise zu machen. Vom Bierverkauf hatte ich genügend Geld und keine Verpflichtungen. Ich kaufte mir das Ticket spontan. In Michis Wohnung erzählte ich stolz von meinem Plan. Es würde meine erste Reise allein sein. Ich stopfte Kleidung in einen Rucksack und erklärte meiner Mutter, dass ich eine Woche in Krakau sein würde. Dann setzte ich mich in den Zug. Ich schaute aus dem Fenster und fühlte mich frei. Als ich am Krakauer Bahnhof ankam und mich umsah, wurde ich gleich für ein Hostel angeworben, 7 Euro die Nacht im jüdischen Viertel, klang gut. Mit einem kleinen Bus wurde ich hingebracht. Abenteuer war einfach heutzutage. Das Hostel war voller Amerikaner – großer, grober Typen auf ihrer Europatour –, die sehr viel Wodka tranken. In meinem Sechsbettzimmer war außer mir nur ein dicker, bärtiger Amerikaner namens Kevin. Er war ruhig und sensibel, ein Literaturstudent aus Chicago, der mir die ganze Zeit von Dostojewski vorschwärmte. Sein Lieblingsbuch war «Der Spieler», genau wie Michis. Er wollte eines Tages Schauspieler werden. Wir zogen ziellos durch die Stadt und betranken uns. Das Zimmer füllte sich Nacht für Nacht mit unseren Schnapsausdünstungen. Am letzten Tag schliefen wir miteinander. Ich hatte selten richtigen Penetrationssex gehabt, oft schmuste ich nur und traf die Typen nie wieder. Richtiger Sex war meistens unbefriedigend, gleichzeitig wollte ich ihn haben und fand es immer gut, wenn es in unverfänglichen Situationen stattfand. Ich bin wohl eine Sextouristin, dachte ich mir, vielleicht war das eigentlich Sextourismus, was ich machte. Ich stopfte meinen Rucksack mit Zigaretten voll und fuhr nach vier Tagen Spaziergängen und Saufen wieder zurück nach Wien. Das Abteil teilte ich mit zwei alten, holländische Damen. Sie tranken Wein aus kleinen Flaschen und sangen Lieder. «Kommunistische Lieder», wie sie erklärten. Sie sprachen Deutsch und verwickelten mich in ein Gespräch. Eine erzählte, dass sie im früheren Leben eine Hexe gewesen sei. Man habe sie durch Ertränken getötet. Als Kind wäre sie in diesem Leben deshalb dreimal fast ertrunken. Sie sagte mit holländischen Akzent: «Jedes Mal, wenn sie mich rausgezogen haben, weinte meine ganze Familie. Ich verstand damals nicht, warum. Ich fand die Luftbläschen im Wasser einfach schön. Deshalb war ich ja reingesprungen.» Dann lachte sie und wirkte wirklich wie eine Hexe. Die beiden rauchten eine nach der anderen. Wenn ich alt bin, dachte ich mir, fahr ich nur noch Zug, trink Wein und erzähle jungen Leuten komische Geschichten. Nach fünf Stunden war ich wieder in Wien.

Nacheinander maturierten alle und schmiedeten Pläne für die Zukunft. Die meisten nahmen sich dafür ein Jahr frei und planten Reisen. Jack wollte nach Indien. Doro nach Afrika. Jakob plante eine Reise durch Südamerika. Samuel ging nach Australien. Irmi inskribierte für Jus, Sarah für Pädagogik, genau nach Plan. Johanna entschied sich für ein Mathematikstudium, probierte es aber gleichzeitig an der Filmakademie. Sie machte immer wieder kleine Filme, in denen wir mitspielten. Sie gab uns strenge Anweisungen und verzweifelte über unsere Unzuverlässigkeit. Einmal sollte ich die Hauptrolle spielen. Ich erinnere mich nur an pubertär tiefgründige Monologe und dass ich ständig rauchen sollte. Da die Zigarette in den Anschlussszenen immer eine ähnliche Länge haben musste, rauchten Bronek, Konsti, Jakob, Doro und alle, die beim Dreh halfen, vor. Jeder von uns musste ununterbrochen rauchen, bis uns schlecht war (Johanna blieb beim Film und lebt heute als Kamerafrau in Mexico City). Ich ließ mich weiter durch die Stadt treiben. Dann begann der Sommer, und ich fuhr in verschiedenen Konstellationen mit dem Zug durch Europa. Mit Samuel besuchte ich das anarchistische Sommercamp, und wir frönten Punkkonzerten, Workshops, veganem Essen aus der Mülltonne und endlosen Diskussionen. Mit Konsti machte ich eine Reise nach Kopenhagen, nach einer Woche zerstritten wir uns aber. Seine Sticheleien ärgerten mich zu sehr, und ich schlug vor, getrennte Wege zu gehen. Er nahm einen Zug nach Spanien, ich lernte einen reichen Kanadier kennen, mit dem ich weiter nach Hamburg reiste. Er zahlte mir sogar ein 4-Sterne-Hotel. Als der Kanadier zurückfliegen musste, besuchte ich Berlin und traf dort Samuel und Jack wieder. Ich zeltete ein paar Tage mit ihnen in einem Park, und wir streiften durch die bunte Stadt. Kurz vor Ende des Sommers beschloss ich, alleine nach Odessa zu reisen, weil Michi immer meinte, das wäre der schönste Städtename der Welt. Ich hatte wenig Plan, aber im Zug brachte mir eine Gruppe Slowaken das kyrillische Alphabet bei, ohne das ich aufgeschmissen gewesen wäre. Ich lebte eine Woche in einem Hostel in Odessa, lernte Sextouristen, einen Schriftsteller und einen Historiker kennen, mit denen ich Nächte durchzechte. Ich stand auf der Potemkinschen Treppe, schaute aufs Schwarze Meer und kam gereift zurück.

Nach dem Sommer begann die Abendschule am Henriettenplatz im 15. Bezirk. Ich war dort jetzt in der 7C. Blöderweise musste ich nicht nur ein halbes Jahr, sondern eineinhalb Jahre wiederholen. Das war ein bisschen frustrierend, aber ich war optimistisch, weil das Unterrichtsniveau weit unter dem meiner alten Schule lag. Vor dem Schulgebäude sammelten sich gegen 16 Uhr die SchülerInnen. Ich betrachtete sie interessiert und versuchte, sie einzuordnen. Es gab ältere Leute, die ihre Matura neben dem Beruf nachholten, und viele Freaks, die, wie ich, von anderen Schulen geflogen waren. Ich kannte fast ein Drittel vom Ausgehen. Die

Dichte an Zecken war hoch. Es sah genauso aus wie vor dem Flex. Vor dem Eingang befand sich ein Gassipark mit einem Spielplatz und Sitzbänken. Dort ging immer irgendwo ein Joint herum, oder jemand machte Musik mit der Gitarre. In den ersten Tagen besuchte ich voller Eifer den Unterricht, mit der Zeit blieb ich aber immer häufiger mit Leuten vor dem Gebäude sitzen. Es gab einen Türken ums Eck, der günstiges Dosenbier hatte. Die Leute, mit denen ich mich unterhielt, hatten einen holprigen Weg im Schulsystem hinter sich und einiges erlebt. Viele hatten Bands oder zeichneten. Das Lehrpersonal begegnete einem auf Augenhöhe, und es gab keine Konflikte, weil man ihnen gleichgültig war. Als mir in Biologie ein Dosenbier aus der Tasche fiel und zum Lehrerpult rollte, ließ das den Lehrer kalt. Ich entschuldigte mich, hob es einfach auf und steckte es wieder ein. In die Deutschstunde ging ich fast immer. Dem Deutschlehrer gefielen die Diskussionen, die ich anzettelte, und meine Texte. Er sah aus wie ein Intellektuellenklischee, ein zerknautschter Mann mit Brille und Lederflicken am Tweedsakko. So stellte ich mir die Figuren aus den Markus-Werner-Romanen, die ich gerade las, vor. Wenn ich während des Unterrichts zeichnete, betrachtete er meine Kritzeleien nach Stundenschluss und war begeistert. Meistens saß ich neben einem blassen Typen namens David. Er sprach fast nichts, aber er war mir sympathisch. Er fragte, ob er meine Zeichnungen genauer anschauen dürfe, blätterte durch mein Heft und lachte über meine Cartoons. «Ich mach so eine Webseite. Magst du dort mal ein Comic veröffentlichen?» Ich schickte ihm einen meiner Cartoons und unterschrieb zum ersten Mal mit «Stefanie Sargnagel». Moritz ging jetzt auch an die Abendschule. Wenn ich ihm über den Weg lief, blieben wir einfach beide vorm Gebäude sitzen. Er war entspannt: «Der Unterricht ist ur einfach, ich pack's gar nicht. Ich hätt schon viel früher wechseln sollen.» – «Ja, voll, es is urgmiadlich.» Wir waren beide sehr zufrieden mit unserer Entscheidung. Eine Achtjährige unterbrach uns beim Tratschen und streckte uns ein Kitkat entgegen: «Wollts ihr?», fragte sie. Wir nahmen ein Stück. «Danke, is das eh nicht vergiftet? Man soll ja keine Süßigkeiten von kleinen Kindern annehmen.» Sie sagte: «Ich bin ja kein kleines Kind.» Ein zweites Mädchen kam angelaufen, ein bisschen älter. Es boxte dem Mädchen in den Bauch, es schnappte kurz Luft: «Das ist meine Schwester.» Die Schwester nahm sie in den Schwitzkasten und gab ihr eine Kopfnuss: «Du sollst nicht mit Fremden reden!» Ich drehte mir derweil eine Zigarette. Die Zehnjährige schaute interessiert zu und sagte: «Mein Onkel macht das auch immer, aber mit Haschisch.» Sie setzte sich neben uns: «Er war mal im Krankenhaus, und da hat er im Garten auch immer Haschisch geraucht. Er hat ein Café, wo er Haschisch verkauft.» Die beide waren auf eine verwahrloste Art schlau. Die Größere hatte die Mimik einer abgeklärten, alten Frau. Sie deutete auf Moritz. «Ist er dein Freund? Warum hat er so komische Haare?»

«Nein, das is nur ein Freund von mir. Das sind

Dreadlocks. Da muss man die Haare so verfilzen und dann nie wieder frisieren. Die gefallen ihm halt.»

«Warum wäscht er die nicht? Es schaut ur Zigeuner aus.» Sie fragte weiter, ohne die Antwort abzuwarten: «Hast du einen Freund?»

«Nein, hab ich nicht.»

«Aber willst du nicht einmal heiraten?»

«Hm, nein, hab ich nicht vor.»

«Aber warum nicht?»

Die Kleinere übernahm jetzt das Wort: «Na wieso nicht? Es is gescheit! Man hat weniger Ärger mit die Männer, wenn man nicht heiratet! Ich will auch nicht heiraten.» Wieder gab die Große ihr eine Kopfnuss.

Die Kleine schrie: «Hör auf, das tut weh, Oida! Ich ficke deine Mutter mit einer Salami.» Dazu wackelte sie mit den Hüften und hielt dabei ihre Faust vor den Bauch, als würde sie eine Wurst halten. Wir lachten. Moritz und ich holten uns Bier und fragten, ob sie ein Eis wollten. Sie begleiteten uns und bekamen beim Türken zwei Jolly. Ich sagte zu Moritz: «Von den zwei können wir eh mehr lernen als drinnen.» Jeden Nachmittag grüßten sie uns jetzt und teilten uns ihre Neuigkeiten mit.

Michi hatte zeitweise auch Mitbewohner in seiner Wohnung, was einem kaum auffiel, weil sowieso immer jemand da war. Alis Mitbewohnerschaft aber war auffällig, weil es, seit es ihn gab, blitzsauber war. Er hatte alle Möbel umgestellt, und nirgends stand eine Bierdose herum. Außerdem hatte Michi plötzlich Vorhänge. Das Bett war frisch bezogen, die Zigaretten landeten nur noch in Aschenbechern, und jeden zweiten Tag wurde alles gewischt. Ali war ein fünfzigjähriger Türke. Er war klein, dünn und hatte struppige, graue Haare. Meistens trug er eine Lederhose und Cowboystiefel. Ein stiller Typ mit leicht verzweifeltem Blick, der einen großen Joint nach dem anderen rauchte. Er sah ein bisschen ausgetrocknet aus, wie eine Pflanze, die lange nicht gegossen worden war. Was Ali den ganzen Tag machte, wenn er nicht putzte, war, eine hervorragende Linsensuppe zu kochen und Bilder aus Asche in ein kleines Notizbuch zu malen. Dafür wartete er, bis sich genug Asche auf seinem Joint gesammelt hatte, und tippte sie dann auf die Papierseiten ab. Den Aschehaufen verwischte er mit den Fingern, die deshalb immer schwarz waren. Aus den Mustern, die entstanden, fertigte er mit einem Kugelschreiber Figuren. Meistens Frauengesichter und Körper mit großem Busen. Phantasien eines einsamen Mannes. Es waren keine guten Zeichnungen, aber wenn er sie stolz signierte und einem schenkte, freute man sich trotzdem. Michi hatte ein Händchen dafür, seltsame, verrückte, kriminelle, aber im Grunde anständige Leute aufzulesen. 15 Jahre später lief ich Ali wieder über den Weg. Er sah genauso aus wie früher, nur etwas eingefallener. Er saß in einer Eckbank im «Schmauswaberl» und malte gerade ein Aschebild. «Hallo, Ali!», sagte ich gerührt. «Hallo, Sophie!» Er wusste sogar noch fast meinen Namen. Es war, als wäre keine Zeit vergangen, nur dass Michi mittlerweile verstorben war.

Ein Nachbarsjunge aus Michis Haus war jetzt auch

öfter in der Wohnung. Er hieß Josef, und seine Eltern waren Zeugen Jehovas aus Polen. Er war 16 und durfte fast nichts, das Spaß machte. Wenn seine Eltern missionieren waren, nutzte er die Gelegenheit und läutete bei Michi, um als einer von vielen Gästen auf der Couch zu verweilen. Er trank nur Michis Ingwertee von der Heizung. (Michis kleine Heizung unter dem Fenster lief zu jeder Jahreszeit, um den scharfen Ingwertee warm zu halten.) Josef hatte immer einen kleinen Zauberkasten dabei und übte seit Jahren Tricks ein. Sein Traum war es, ein richtig guter Bühnenzauberer werden. Er erzählte selten etwas, deshalb blieb mir das wenige, das er sagte, in Erinnerung. Er erzählte zum Beispiel eines Tages, dass Christina Aguilera heute in der Stadthalle auftreten würde. Die fände er wunderschön. Er sagte: «Wenn ich sie mal treffen würde ... Wenn die mal vor mir stehen würde ... dann würde ich sie.» Er machte eine erregte Pause und sagte mit seligem Gesichtsausdruck: «Dann würde ich sie umarmen.»

Frauen waren, abgesehen von uns Schülerinnen, seltene Gäste. Da gab es zum Beispiel Shawnsee. Sie war einige Wochen da und genauso plötzlich wieder weg. In der Zeit, in der sie da war, kam sie jeden Abend zu Michi. Sie war eine große, schlanke, 30-jährige schwarze Frau aus Hawaii mit langen Rastazöpfen, die nur Englisch sprach. Früher hatte sie gemodelt, jetzt konzentrierte sie sich auf die Malerei. Zuvor hatte sie in Paris gelebt, jetzt war sie hier. Michi hatte sie in einer Bar kennengelernt und sich ihre Telefonnummer besorgt.

Ihre Bilder, die sie uns in einer Mappe zeigte, waren kitschig und schrill, viele Herzen, viele Blumen, grelles Rosa. Sie trat auf wie ein Star, trug immer hohe Schuhe, auffällige, kurze Kleider, war temperamentvoll und laut. Wenn sie mich sah, musterte sie mich, packte mich an den Schulterm, und rief: «Baby, you are so beautiful, I want to draw you naked. You have to come to my studio! One day I will draw you naked.» Wenn sie besoffen war, versuchte sie, mich zu küssen. Sie war die erste Person in Michis Wohnung, die mich wirklich einschüchterte.

Ali putzte sogar die Fenster. Jack, Samuel, Konsti und Moritz philosophierten währenddessen und wie eigentlich immer. Gino saß auf einem Stuhl. Er trank seine Bier und rauchte seine Joints, und manchmal plauderte man mit ihm über Filme oder Politik, meistens war er aber wortkarg und hörte uns mit amüsiertem Blick zu. Er war Mitte vierzig, wohnte am anderen Ende der Stadt und war meistens entspannt. Sein langes Gesicht war wie aus Holz geschnitzt, voller Furchen, er hatte große Zähne, beeindruckende Augenringe und lange schwarze Haare. Er war riesig und eine echte Erscheinung. Wenn er Schnaps getrunken hatte, machte er seine eigentümliche Wandlung durch. Er setzte sich auf den Boden, ging in die Hocke und knurrte wie ein Wolf. Er streckte den Hals, bewegte den Kopf hin und her, starrte ins Nichts und knurrte. Man konnte dann nicht mehr zu ihm durchdringen. Wir waren das gewohnt. Es war eben Ginos Wolfsphase. Konsti hatte Absinth von einem Ausflug nach Tschechien dabei. Den hatte ich noch nie getrunken, und das Gesöff hatte einen mystischen Ruf. Die Grüne Fee. In der Runde wurde die Flasche herumgereicht, und jeder nahm einen vorsichtigen Schluck. Zuletzt war Gino dran. Er hob die Flasche, setzte an und trank den Rest, fast einen halben Liter. Samuel rief erschrocken: «Ginoo, pass auf, das is doch viel zu org!» Aber Gino hatte die Flasche schon gierig geleert und rülpste. Er stellte sie beiseite und versank in sich, saß ganz still da und rührte sich mehr. Erwartungsvoll sahen wir ihn an. Müsste er nicht umkippen? Würde jeden Moment ein Kotzeschwall aus ihm rausbrechen? Würde er jetzt zum Wolf werden? Nach einer Viertelstunde Verharren, in der wir wieder zu unseren normalen Gesprächen übergingen, fing Gino leise an zu knurren. Also der Wolf. Gino ging auf alle viere und brüllte wie ein Ungeheuer. Alle im Raum zuckten zusammen. So wild kannten wir das noch nicht. Er schrie wie eine Bestie im Film, er riss seinen Mund weit auf und heulte gegen die Decke. Er stierte Michi mit fiebrigen Augen an. «Gino?», murmelte Michi. Da sprang er mit einem Satz auf ihn zu und biss ihm brüllend in die Schulter. Michi schrie vor Schmerz: «Ginoo! Spinnst du? Hör auf! Gino!» Ein Tumult brach los, wir sprangen auf und zogen gemeinsam Ginos massiven Körper von Michi runter. «Oida, Gino, komm wieder zu dir. Ginoo!» Er wurde ruhig, kauerte in der Ecke. Angespannt beobachteten wir ihn. Sein Blick fixierte jetzt Samuel, und langsam wurde das Knurren wieder lauter. Samuel sah ihn ängstlich an. «Soll ich dir ein Glas Wasser holen, Gino?» Samuel stand auf und ging rückwärts einige Schritte Richtung Küche. Gino fletschte die Zähne, knurrte lauter. Samuel rief noch mal: «Ich hol dir ein Glas Waaaaaasser!», riss die Wohnungstür auf und rannte, so schnell es ging, aus der Wohnung. Durchs Fenster sah man, wie Samuel panisch die Michaelerstraße runtersprintete. Gino wurde wieder wild. Seine Beute war entwischt. Spastisch zuckte er mit dem Kopf und brüllte. Wir hielten ihn zu fünft zurück und drückten ihn auf die Couch. Er schüttelte uns ab und stolperte desorientiert im kleinen Raum herum. Mit vereinten Kräften fixierten wir ihn wieder auf der Couch, während Michi die Rettung rief. Fünfzehn Minuten Kampf später trafen junge Sanitäter ein. Auch sie waren mit Gino überfordert. Wir erklärten die Situation: «Er hat zu viel Absinth getrunken und sich in einen Wolf verwandelt.» Während wir ihn weiter festhielten, spritzten sie Gino ein Beruhigungsmittel. Seine Muskeln entspannten sich, er winselte ein wenig und sackte zusammen. Mit halboffenen Augen schlief er auf Michis Couch ein. Die Sanitäter fragten, ob sie ihn mitnehmen sollten. Wir meinten, wir würden schon auf ihn aufpassen. Gino schnarchte. Die Situation entspannte sich, das Adrenalin wich langsam aus dem Raum. Ich rief Samuel an: «Samuel, wir haben die Lage wieder im Griff. Du kannst wiederkommen, du feige Sau.» Auch Gino sehe ich heute noch oft im «Schmauswaberl». Er ist jetzt Motivationscoach beim Arbeitsamt.

Am nächsten Tag bekam ich einen Anruf. Sarah hatte ihre Tochter zur Welt gebracht. Wir besuchten sie im

Spital. Das Baby hatte einen Flaum am Kopf und eine ganz weiche Wange. Ein Baby im Raum macht alles andächtig. Wir alle zeigten uns dem neugeborenen Mädchen von unserer besten Seite.

Sarah und Peter bezogen gemeinsam eine Wohnung in Döbling, dem Nachbarbezirk. Alles wirkte sehr erwachsen. Die Wohnung hatte 60 Quadratmeter. Im Bücherregal standen Philosophiebücher, Romane und Kinderbücher thematisch sortiert, und der Wandschrank im Schlafzimmer war verspiegelt. Das Doppelbett war aus Stroh. In der Küche hatten Essig und Olivenöl ihren fixen Platz auf einer kleinen Korkplatte. Ansonsten war es noch recht kahl. Sie fuhren gemeinsam mit dem Baby im Tragetuch zu Ikea. Eine ganz normale Tätigkeit zweier junger Eltern. Michi wollte sie begleiten, es würde ihm großen Spaß machen, er würde es so gerne tun, sagte er. Während Peter und Sarah in Gedanken ihre Zukunft einrichteten, nahm er einen der Rollwägen und sagte den beiden, sie sollten ihm alles zeigen, was ihnen gefalle. Er schichtete Bettzeug, Handtücher, Töpfe, Geschirr, zwei kleine Stehlampen, einen Stofftieraffen, ein kleines Regal zum Zusammenbauen und ein paar Polster auf den Wagen. An der Kasse stand eine Schlange. Michi schwebte mit dem Gefährt neben der Schlange nach vorne, fuhr an der Kasse vorbei und unbekümmert durch den Ausgang zu Peters Auto. In Ruhe packte er alles ein. Peter und Sarah kamen zaghaft nach. Er hatte ihnen eine halbe Wohnungseinrichtung als Einstandsgeschenk gestohlen.

Ich war zu Hause bei meiner Mutter, als mein Vater mich anrief. Wir telefonierten alle paar Wochen und gingen hin und wieder gemeinsam ins Café. Er war Elektriker und erzählte mir bei diesen Gelegenheiten die Biographien seiner Kundschaft nach. Seine Redeschwalle faszinierten mich. Ohne Luft zu holen, konnte er zwanzig Geschichten runterrattern, während ich einfach nur nickte. Die Geschichten waren gut erzählt, mit vielen Wiener Sprüchen aufgepeppt, die ich manchmal noch gar nicht kannte, deshalb war es nicht langweilig, aber nach Stunden wurde es anstrengend. Konnte man ihn nicht bremsen, würde er erzählen, bis er vor Erschöpfung einschlief. Tatsächlich schlief er manchmal im Sitzen ein, denn er hatte eine Schlafapnoe. Ich hatte die Neigung zum Geschichtenerzählen von ihm, aber besser im Griff, mein Gegenüber auch mal zu Wort kommen zu lassen, zumindest hoffte ich das. Die wenigen Momente, in denen man selber sprach, schien er aber trotzdem abzuspeichern, schließlich hätte er sonst ja die Geschichten nicht erfahren. In seinem Sprachzentrum schien irgendetwas falsch eingestellt. Alles war auf Speichern und Senden programmiert, wie eine Maschine zum Archivieren, aber die Kommunikation war schwierig. Meine Mutter war zehn Jahre mit ihm zusammen gewesen, ein unglaublicher Geduldsakt. Politisch hatten wir wenig gemein. Er war in einschlägigen rechten Kreisen unterwegs. Ich hatte es irgendwann aufgegeben, mit ihm darüber zu streiten, und immerhin eine Gemeinsamkeit hatten wir: Wir hassten die Polizei und hatten beide eine große Unfähigkeit, uns Autoritäten unterzuordnen. Seinen Arbeitsplatz wechselte er regelmäßig, weil er sich von keinem Chef «aufn Schädel scheißen» ließ. Obwohl seine regelmäßigen Streitereien am Arbeitsgericht eine gute Voraussetzung für eine linke Einstellung waren, wählte er immer die FPÖ. Manchmal gab er mir Aufkleber, auf denen man die Österreicher mit den Ureinwohnern Amerikas verglich, die beide von fremden Siedlern ausgerottet wurden. Ich nahm sie mit, um sie meinen Freunden als Kuriositäten zu zeigen. Er lebte in einem Nachbarbezirk und hatte eine kleine Wohnung, in der man sich nur in kleinen Gängen bewegen konnte. Der Rest war zugestellt mit Bücherstapeln und Zeitungen sämtlicher Jahrzehnte. Wie besessen sammelte er Bücher über Zeitgeschichte aus geschichtsrevisionistischer Perspektive. Er schichtete alles zu hohen Türmen und meinte, eines Tages würden sie ihn erschlagen.

Am Telefon sagte er: «Servas, Steffi, herst, i reparier do grod a Term in da Kalvarienberggossn. Wüst net an Sprung umme kumma?» Die Kalvarienberggasse war ums Eck unserer Wohnung. «I bin do bei so am koreanischen Mola. A intressanta Typ, der reist um die gaunze Wöd mit seine Büda. I hauma docht, des kinnt die intressiern. Der hot do lauter Molereien in seim Atelier. Der tet da die zagn.» Er wartete die Therme im Atelier eines koreanischen Künstlers. Aha. Das klang interessant, also zog ich mich an und schaute rüber. Mein dicker Vater werkelte in seinem Arbeitsgewand an den

Heizgeräten, und neben ihm stand ein kleiner Mann um die sechzig mit langen schwarzen Haaren. Er sprach Englisch. Der Mann begrüßte mich und bot mir etwas zu trinken an. Gastfreundlich führte er mich durch die Etagen seines riesigen Ateliers. Auf drei Ebenen hatte er seine Gemälde an den Wänden hängen. Er erzählte, er habe schon in über 100 Ländern ausgestellt. «I am also a teacher of art, sometimes my korean students visit me here.» Die Bilder waren technisch perfekt, die Motive aber kitschig. Blonde Frauen in heroischen Posen, halbnackt und mit riesigen Brüsten, wie die Cover von Heavy-Metal-Alben der Achtziger. Während der Führung berührte er mich immer wieder an der Hüfte und am Arm. Ganz leicht mit den Fingerspitzen. Jedes Mal lief mir ein Schauer über den Rücken. Ich fühlte mich immer unwohler, seine Annäherung war aber so subtil, dass ich schwer aus der Situation rausfand. Er sagte: «You can come here every time, I teach you oil painting, you teach me the European way of life.» Way of life betonte er so, dass es klar sexuell konnotiert war. «European women are very different», sagte er und sah mich schmierig an. Er erzählte, dass er schon mit Hunderten Frauen geschlafen habe. Früher habe er sich immer gefragt, ob blonde Frauen wohl auch blonde Schamhaare hätten. Mich ekelte unendlich vor ihm. Er sagte mir, ich sei ein hübsches Mädchen, aber ein bisschen mehr Sport solle ich machen. Dann zeigte er mir eine der Frauen auf seinen Bildern. «Then you would look like her.» In meinem Bauch brodelte es vor Wut.

Ich war nicht auf den Mund gefallen, die Situation war aber so unterschwellig übergriffig, dass ich ratlos war. Ich sehnte mich in dem Moment danach, dass er mich eindeutig begrapschen würde, damit ich ihm endlich eine reinhauen könnte. Aber so war ich nur verkrampft vor Abscheu. Er berührte mich an der Schulter und sagte: «I am so happy to get to know you. I hope to see you again.» Als wir wieder unten bei meinem Vater ankamen, suchte ich sofort seine Nähe, wie ein Kleinkind, das sich zwischen den Beinen der Eltern versteckt. Ich war erleichtert, dass es vorbei war, und verabschiedete mich schnell. Draußen schüttelte es mich. Als ich bei der nächsten Gelegenheit meinem Vater erzählte, wie unangenehm das war, sagte er: «A so a Drecksau. Hätts ma des gsogt und i het am ane paniert, dass erm 14 Tog da Schädl wogelt, dem Chinesn.»

In der Früh hörte ich meine Sprachbox ab. Michi hatte draufgesprochen: «Wenn das so ist. Aber. Also. Ja. Hmmm.» Dazwischen machte er eine Pause. «Gemüsesuppe! Wie wärs mit an Supperl, Stefferl? Um Öferl oder Zwöferl? Oda schlofst? Ja, ich weiß nicht, wir sind alle ein wenig ...» Eine Denkpause folgte. «Überbereichert und befinden uns im Türkenschanzpark. Wenn nicht jetzt, dann bald. Dachte mir, du bist schon wach, aber du sprichst nicht zurück. Das Schweige-Dilemma. Ruf an, Stefferl!» Er wirkte high. Ich rief zurück und ging in den Park. Dort saßen sie alle. Ernstl, Sarah, Jack,

Moritz, Samuel, Michi, Peter, und mittendrin kugelte Sarahs Baby zufrieden auf einer Decke. Samuel und Moritz spielten Tischtennis. Ernstl und Michi waren von einigen leeren Dosenbieren umgeben. Die anderen aßen Kuchen und Würstel. Jack nahm das Baby auf den Arm und zeigte ihm Blumen. Das Baby hatte einen Luftballon ums Handgelenk gebunden. «Gibt's was zu feiern?», fragte ich. «Den Kuchen haben wir von der Hedi», sagte Michi und deutete auf eine Gruppe am anderen Ende des Parks. Dort saß eine große Runde an Menschen auf Heurigenbänken, umgeben von Luftballons. Eine Frau feierte ihren 99. Geburtstag. Jedem, der vorbeikam, bot die Familie, in deren Mitte die verhutzelte Frau im Rollstuhl saß, Würstel, Kuchen und Erdäpfelsalat an. «Ich hab der Hedi gratuliert», sagte Michi. «Sie is urlieb, ihre Hand ist ganz klein und faltig. Es ist, als würde man eine Rosine schütteln.» Sarah erzählte: «Die haben gesagt, dass sie 99 Luftballons steigen lassen wollten, aber Hedi hat darauf bestanden, die 99 Luftballons an 99 Kinder zu verschenken, und die Nola hat einen bekommen.» Abwechselnd trugen wir das Baby durch den restlichen Nachmittag.

Michi verlor seine Wohnung. Es war nicht leicht, eine Gemeindebauwohnung zu verlieren, aber es hatte sich schon einige Jahre lang abgezeichnet. Leute stiegen beim Fenster ein, immer wieder war es zu laut, regelmäßig kam die Polizei vorbei, und Herbert hatte dreimal die Haustüre eingetreten, weil wir nicht rechtzeitig genug den Türöffner betätigt hatten. Auf Michis Türe hatte mal jemand «Raus du Sau» geschrieben. Nicht jeder im Haus war gegen Michi, aber die Vielzahl der Beschwerden hatte gesiegt. Wir feierten noch einen letzten Abend, spielten laute Musik und nahmen die Bilder von den Wänden. Jack pisste in eine Ecke der Wohnung, worüber ich mich wahnsinnig aufregte. Das war kein würdiger Abschluss. Michi hatte sein weniges Hab und Gut in Koffern verstaut. Ein bisschen Kleidung, Fotos, CDs und ein paar Bücher. Gabriel, der Techniker, der Quartalstrinker war und selbsternannter Schutzengel von Michi, hatte ihm eine neue Wohnung besorgt. Sie war in der Operngasse im 4. Bezirk, beinahe in der Innenstadt, eine normalerweise zu teure Adresse. Damit ging das Treiben seinem Ende zu, alles zerstreute sich. Die Hälfte unseres Freundeskreises war im Ausland, Sarah hatte jetzt eine Tochter (Gabriel gab ihr zehn Jahre später nüchtern regelmäßig Mathenachhilfe), manche einen Job. Die Alltage änderten sich, und die Sammelpunkte verschwanden. Wir Kinder waren flügge geworden. Jeder nahm sich ein Erinnerungsstück aus Michis Wohnung mit, ein Bild oder einen Strafzettel. Die neue Wohnung richtete Michi kaum ein. Er hatte eine Matratze, eine Couch, ansonsten ließ er sie kahl. Nur das große, bunte Bild hatte er eingerollt und mitgenommen, und es wachte wieder über den Raum.

Ich verabredete mich am frühen Nachmittag mit Michi im Burggarten, in der Nähe seiner neuen Wohnung. Er fragte, ob ich ihm Bier mitbringen könne, er hätte gerade kein Geld. Also kaufte ich mit meinen letzten Euros sieben Dosenbier, zwei Päckchen Zigaretten und spazierte mit einem Sackerl in den Park. Ich setzte mich auf die Wiese, auf der verschiedene Kleingrüppchen saßen, Punks, Hippies, Studenten, Touristen. Der zentrale Stadtgarten war seit den 70ern ein beliebter Treffpunkt für Freaks. Michi brauchte noch ein bisschen. Ich schaute in die Sonne und las ein Buch von Markus Werner. Den lasen wir alle gerne, seit ihn Samuel für sich entdeckt hatte. Ich trug eine rote Baskenmütze und eine neongrüne Weste. Ein Typ kam auf mich zu und fragte mich um ein Feuer. Das war normal, dass die Grüppchen untereinander Feuer, Papers und Zigaretten schnorrten. Er hatte einen leichten Akzent, war klein, dunkelhaarig und barfuß. Er fand meine neongrüne Weste cool und fragte, was ich da lese. Ich sagte «Zündels Abgang» und dass mir das sehr gut gefalle. Sein Freund stieß dazu, ein schlaksiger Typ mit einem schwarzen Bart, er borgte das Feuer kurz aus und sagte: «Florent, flirtest du schon wieder?» Michi kam an. «Hey, Stefferl. Schöne Jacke.» Ich sagte: «Hey, Michi. Ich hab dir Bier mitgebracht.» Ich hielt ihm das Sackerl mit den sieben Dosen entgegen. Florent bedankte sich für das Feuer und ging wieder zu seinem Grüppchen. Ich dachte mir, diese hippen Typen hatte es sicher irritiert, dass ich einem 40-jährigen Typen gerade einen Sack mit Bier gebracht habe. Sie wirkten auf mich wie Bobos. Typen, die gerne zu einem guten Italiener und zu Designausstellungen gingen, Techno hörten und ein Rennrad besaßen. Kreativ, aber spießig. Michi und ich plauderten ein bisschen, er war schon angetrunken und gut drauf. Ich fragte: «Was ist mit dem Samuel, soll ich schreiben, dass er herkommen soll?» Michi sagte: «Ja, okay, warte, ich sag dir, was du schreiben sollst. Schreib ihm: ‹Komm, mein Engel und bring mir ein Zäpfchen.›» – «Nein danke, das kannst du schreiben.» Michi lachte und fing an, verschiedenen Leuten SMS zu schreiben, die er laut aufsagte. Er schrieb eine an Angela, die seit vielen Jahrzehnten Rainers On-off-Freundin war: «Hallo, vertrockneter Nudelfriedhof, mein Sack platzt aus allen Nähten.» Und dann schrieb er Rainer: «Du alterndes abgetakeltes bärtiges Ekel. Hör auf mit deinen fadhaarigen Versuchen, mich zu betören.» Er gluckste vor Lachen und amüsierte sich prächtig. Er schrieb noch an Jack: «Sex im Wasser geht viel weniger aufs Herz, deshalb ficken Fische auch weniger herzlich. Grüße, dein Hering.» Florent kam zurück und schnorrte noch mal Feuer. Er stellte sich uns jetzt richtig vor, sein Name sei «Florent», wir könnten ihn aber auch «Franz Hose» nennen. Er fragte, ob wir mit ihm und seinem Freund Adrian mitkommen wollten. Sie würden ins «Café Sarajevo» gehen, ein bosnisches Beisl beim Südbahnhof, in dem es immer Livemusik gebe. Ich meinte, wir hätten kein Geld für ein Lokal und Dosenbier dabei. Florent bot uns an, uns auf ein Glas einzuladen, dann könnten wir unsere Biere heimlich nachschenken. Michi und ich waren einverstanden. Florent schien lustig zu sein. Im Sarajevo stand ein dicker Mann in einem weißen Anzug und sang zu Playbackmusik herzzerreißende Balladen in ein Mikro. Die bosnischen Gäste steckten ihm Geld zu, teilweise Hunderteuroscheine. Manche tanzten im Kreis, tranken einen Sliwowitz nach dem anderen und verstanden sich prächtig. Florent und Adrian waren Architekturstudenten aus Frankreich und Deutschland und seit wenigen Monaten in Wien. Michi fing an zu tanzen. Ich liebte Michis Tanzstil. Er stand auf den Zehenspitzen, hüpfte mit lockeren Knien leicht auf und ab und streckte beide Zeigefinger in die Höhe, um damit zu wedeln. Dazu wackelte er mit dem Kopf von links nach rechts, wie ein vergnügtes Kind. Florent machte es ihm nach. Irgendwann ging er zu einem Fenster, nahm eine Plastikblume aus der Vase, die dort zur Dekoration stand, und überreichte sie mir. Ich wurde verlegen. Franz Hose erzählte, dass er gerade aus seiner WG geflogen war. Michi bot ihm spontan an, bei ihm einzuziehen. Zwei Tage später wohnte Florent bei Michi in der Operngasse.

Ich wohnte immer noch zu Hause, würde aber bald eine Gemeindebauwohnung bekommen, für die ich mich vor Jahren angemeldet hatte. Nachmittags, wenn meine Mutter von der Arbeit kam, ging ich in die Abendschule. In Wirklichkeit folgte ich dem Unterricht dort kaum mehr. Es war eher mein Ausgangspunkt für meine Abendbeschäftigungen und ein praktisches Alibi. Als ich die Wohnung verließ, bemerkte ich rosa Punkte vor unserer Haustür. Der ganze Gehsteig war mit Spraydosen bemalt worden. Ich dachte mir nichts dabei. Es waren Herzchen, Blumen, Punkte und Spiralen. In der Mitte waren zwei Buchstaben, «S S», meine Initialen. Ich hielt das für einen Zufall und ging meiner Wege. Abends rief mich Michi an. Er war mit Florent und Adrian auf einer Freeteknoparty im Prater, ich solle auch vorbeischauen. Dort saßen sie zu dritt auf der Wiese vor einem improvisierten Soundsystem. Circa 30 Leute tanzten. Florent trug einen grünen Hut und einen rosa Schioverall. Um vier Uhr früh landeten Florent, Michi und ich besoffen in der Operngasse. Wir schliefen gemeinsam auf Michis großer Matratze ein. Florent rutschte zu mir rüber und fragte, ob ich seine Botschaft bekommen hätte. Ich verstand im ersten Moment nicht, wovon er redete. Er flüsterte mir ins Ohr: «Michi hat mir gesagt, wo du wohnst.» Das Gesprühte war für mich gewesen. Das Blut schoss mir in den Kopf und in den ganzen Körper. Ich war steif vor Aufregung. Er legte den Arm um mich und küsste mich auf die Wange. Ich war völlig vernebelt von Endorphinen. Ich rieb meine Nase an seiner

Wange. Es war das ärgste Gefühl, dass ich je hatte. Ich dachte, ich müsse vor Glück sterben. Wir schliefen engumschlungen ein. Michi schnarchte neben uns. Ich war zum ersten Mal verliebt.

Als wir aufwachten, war Michi schon weg. Er hatte einen Zettel hinterlassen, dass er zum Sozialamt fahre, Geld holen. Florent und ich waren schüchtern im Umgang miteinander, so ausgenüchtert. Wir durchsuchten Michis Kühlschrank nach Essen, aber es war nichts da. Florent fragte, ob wir nicht frühstücken gehen wollten. Er setzte eine Sonnenbrille mit herzförmigen Gläsern auf und zog eine schwarze Punkerlederjacke an. «Is das deine Jacke?», fragte ich ihn. Es passte irgendwie nicht. «Ja, die hab ich letztens mit so einem Typen im Park getauscht. Er wollte meinen Hut haben. Dafür hab ich seine Jacke genommen.» Auf der Jacke stand mit weißem Edding: «Ich bin unschuldig». Um den Hals trug Florent eine Bernsteinkette. Nichts passte zusammen. Wir spazierten Richtung Südbahnhof und kauften uns dort am Würstelstand spontan ein Bier. «Mein Lieblingsfrühstück», sagte ich zu ihm. «Meins auch», meinte Florent. Florent erzählte, dass er, bevor er nach Wien gekommen war, in Paris studiert hatte. Jetzt machte er ein Praktikum in einem Architekturbüro. Am Wochenende legte er meistens auf Technopartys auf. Ich meinte, dass ich dachte, er und sein Freund würden Michi und mich sicher schräg finden. Florent sagte: «Nein, ich hab sofort gemerkt, dass ihr passen würdet.» Er nahm meine Hand. Ich bekam fast einen Herzinfarkt.

«Ich hab euch beide gesehen und mir gedacht, das sind zwei Punks im Herzen.» Er war halb Franzose und halb Deutscher und in Deutschland aufgewachsen. Immer wieder warf er französische Sätze ein. Das machte ihn noch toller. Im Bahnhof fuhr ein Zug nach Bratislava ein. Florent und ich stiegen einfach zu. «Ich bin dein Bratislover», sagte Florent. Ein Faible für Wortspiele machte sich bemerkbar. Wir hatten weder Pässe bei uns noch Tickets. Als der Kontrolleur kam, taten wir so, als würden wir die Tickets suchen. Florent sagte auf Englisch: «Chérie, I thought you had the tickets.» Und ich antwortete: «But Schatzi, I thought YOU had the tickets.» Der Kontrolleur war genervt und schmiss uns aus dem Zug. Wir waren irgendwo in Simmering, totale Peripherie. Die Sonne schien, aber in der Nacht hatte es geregnet. Vor uns war nur eine Betonwüste und eine zentimetertiefe Regenlache. Florent ging mit den Schuhen rein, das Wasser reichte ihm bis zu den Knöcheln, es war völlig sinnlos, ich machte es ihm nach. Wir standen einfach so im Regenwasser. Er umarmte mich, und wir küssten uns lange. Mit den nassen Füßen schrieb er meinen Namen auf den Asphalt. Er war wirklich kreativ. Florent meinte: «Wir könnten in die Staatsoper. Man kann da um 2 Euro 50 rein.»

«Is das nicht urfad?»

«Nein, da kommen lauter uralte Opernfans, so 80-jährige Japanerinnen. Die stehen da eine Stunde für Stehplatzkarten an, und wenn sie welche kriegen, laufen die um die Wette, egal wie gebrechlich sie sind, und binden einen Schal an ihren Stehplatz, damit ihn niemand wegnimmt.» – «Okay, cool.» Wir fuhren nass und angetrunken mit der U-Bahn in die Innenstadt und stellten uns eine halbe Stunde am Schalter für die Stehplatzkarten an. Nach Bier stinkend, schauten wir händchenhaltend die erste Hälfte von Schwanensee, bis wir müde wurden. Es war irgendwie langweilig, aber mit Florent wunderschön. Wir fuhren zurück in Michis Wohnung, Florent hatte schon einen eigenen Schlüssel. Michi war noch immer nicht zu Hause. Florent schaltete das Radio ein. Es spielte Peter Maffay. Wir kuschelten uns auf die Matratze, und Florent sagte: «Wir sind wie zwei passende Puzzleteile. Das ist mir schon gestern aufgefallen. Egal wie wir uns hinlegen, es ist immer bequem. Als wären wir füreinander konstruiert.» Wir probierten es aus. Florent sagte: «Klack», und wir verschlangen uns ineinander. Dann probierten wir eine andere Position, und Florent sagte: «Klack», und wir lagen gemütlich ineinander verschlungen. Er hatte recht. Wir schliefen wieder ein. Michi kam auch am nächsten Tag nicht, er war wohl auf einer längeren Tour. Manchmal war er tagelang unterwegs, kam plötzlich nach Hause, wusch sich die Füße (nur die Füße), zog neue Socken an (nur neue Socken) und zog weiter. Wir blieben den ganzen Tag liegen wie zwei Waschbären im Winterschlaf. Wir hatten ewig nichts mehr gegessen. Florent sagte: «Wir müssen aufpassen, dass wir nicht aus Versehen verhungern. Das wäre eine seltsame Schlagzeile. Liebhaber beim Kuscheln verhungert.» Ich schaute seine Augen an: «Du hast fast so lange Wimpern wie ich.» Florent: «Aber du hast gar nicht so lange, du hast nur so viele.» – «Nein, ich habe auch ganz lange, ich hab die längsten Wimpern.»

Florent sagte: «Nein, ich hab die längsten, deine sind nur viele.»

Florent schrieb mir eine SMS:

ich liebe ihre geschmacklose Wahl,
den grellen Rock und den schleifenden Schal,
die winzige Stirn und das irre Geplapper

Ich war so überwältigt von meiner Verliebtheit, dass ich mich oft wochenlang nicht meldete. Florent verzweifelte. Ich traute mich nicht, auf SMS zu antworten, ich traute mich nicht, das Telefon abzuheben. Mir war schlecht vor Verliebtheit, als hätte ich eine Überdosis Ecstasy genommen. Es fühlte sich wie verrückt werden an, ich konnte an nichts anderes mehr denken. Unsere Treffen waren also meistens komplizierte Arrangements über Michi. Michi wurde der Mittelsmann meiner schüchternen Gefühle. Er wunderte sich, warum ich es Florent so schwer machte. «Ihr zwei passts doch sehr gut zusammen», sagte Michi immer wieder und lud mich zu den Partys ein, zu denen ihn Florent einlud, weil er wusste, dass Michi mich dann mitnahm. Er legte im «Donau» auf, einem Technoschuppen im 6. Bezirk. Ich konnte mit Techno nicht viel anfangen, aber ich schaute ihm gerne zu, und wenn Florent auflegte, bekamen wir Gratisdrinks. Hippe Leute tanzten ein bisschen, Michi und ich spielten Mensch ärgere dich nicht. Gegen zwei Uhr nachts war Florent fertig. Er kassierte seine Gage, und wir brachen auf, um zu Michi zu gehen. Michi ging ein paar hundert Meter vor Florent und mir. Er pisste gerade. Michi war der einzige Mensch, den ich kannte, der laufend pissen konnte. Er zog im Gehen plötzlich entspannt seinen Penis raus und pisste einfach vor sich her, ohne sich einzunässen. «Das möchte ich unbedingt von ihm lernen!», sagte Florent. Vor uns lag eine Baustelle. Michi öffnete gerade den Zaun und begab sich auf Forschungsreise. «Kommts, Kinder!», rief er. «Ich bin auf einer heißen Spur.» Neugierig gingen wir ihm nach. Die dunkle Brache umschloss ein großes Möbelhaus, den «Leiner». Er wurde gerade umgebaut. Eine Wand aus Spanplatten stand vor der Baustelle, und am Boden lag eine Leiter. Michi stellte die Leiter auf, und wir kletterten hoch. Von dort konnten wir einen Betonvorsprung erreichen, auf dem eine Notausgangstür war. Michi öffnete sie, und plötzlich standen wir mitten im dunklen Möbelhaus. Alles war gefüllt mit Waren. Michi war ums Eck verschwunden und kam mit drei Bademänteln wieder. Jeder von uns zog sich einen an. Wir waren in der Bettenabteilung. Florent und ich fingen an zu schmusen. Michi verloren wir aus den Augen.

Irgendwann bemerkte ich eine Taschenlampe am anderen Ende des Raumes. «Florent, schleichen wir uns lieber, da is wer.»

«Ja, aber was is mit Michi?»

«Der kommt schon zurecht. Ich glaub, das is ein Security.» Wir schlichen uns wieder dahin, wo wir hergekommen waren, und als wir die Leiter herunterkletterten, sprach uns ein Wachmann an: «Was machts ihr da?»

Florent sagte: «Wir haben uns verlaufen. Wir sind Touristen.»

Er winkte uns weg: «Da is Betreten verboten, könnts ihr nicht lesen, schleichts euch.» Wir fügten uns und liefen auf die Straße. Da fuhren drei Polizeiautos vor. Vermutlich hatte der Wachmann, der im Gebäude war, sie gerufen. Hinter einer Mülltonne, die zwei Meter vom Polizeiauto entfernt stand, versuchten wir, uns zu verstecken. «Glaubts ihr Trottln wirklich, wir seng eich net?», rief ein wütender Polizist. Florent küsste mich, und wir taten so, als hätten wir nichts gehört. Der Polizist kam zu uns: «Wo isn der Dritte von euch?»

«Wir sind nur zu zweit, wir haben uns betrunken verlaufen. Ich bin nicht von hier», sagte Florent und klimperte mit seinen langen Wimpern.

«Ihr hobts eich in den Leiner verlaufen? Glaubts, wir san völlig deppat?»

«Die Baustelle war offen, wir waren nur dort, nicht im Leiner.» Ich klimperte mit meinen vielen Wimpern. Beide trugen wir immer noch die Bademäntel, Florent hielt ein Stoffschwein umklammert, als könnte es uns retten.

Die Polizisten sagten, wir müssten auf die Wachstation mitkommen. «Aber wir haben doch gar nichts gemacht.» Sie packten uns an den Armen. Zu zweit mussten wir auf die Hinterbank des Wagens. Florent sagte: «Ich hatte einen Autounfall, bitte, ich fürchte mich so, können wir nicht zu Fuß gehen?» Der Polizist antwortete verärgert: «Hoit de Pappn do hinten. A Wort no und du kriagst Haundschön.» Wir fuhren zur Polizeistelle. Dort wurden wir in nebeneinanderliegende, vergitterte Zellen gesteckt wie in einem Wildwestfilm. Ich schaute durch die Gitterstäbe. Die Polizisten verschwanden hinter einer Tür. Florent rief rüber: «Steffi, steck mal deine Fingerchen raus. Vielleicht können wir uns berühren.» Wir versuchten, die Finger des anderen zu erwischen, schafften es aber nicht. Die Polizisten kamen wieder, eine Frau und ein Mann. Die Frau durchsuchte mich, ich musste mich bis auf die Unterwäsche ausziehen, sie nahm mir Schmuck und Schuhe ab. Florent rief aus der Nebenzelle: «Bist du auch nackich, Steffi?» Ich rief: «Nein, ich hab noch Unterwäsche an.» Florent seufzte: «Ohhhh, wie schön.» Ich lachte.

Der Polizist rief: «Hoits jetzt endlich eichare Pappn, Bonnie und Clyde.» Das gefiel uns beiden. Nach einiger Zeit wurden wir jeweils in eine richtige Zelle überstellt, mit Bett und ohne Gitterstäbe. Florent fragte: «Wann kommen wir wieder raus?» Und der Polizist sagte: «Des werma nochn Verhör segn, Untersuchungshoft kau bis zu drei Monat dauern.» Florent schaute mich bedrückt an, ich schüttelte den Kopf. Ich war optimistisch, dass das alles ein schnelles Ende nehmen würde, was auch daran lag, dass die Polizisten viel freundlicher zu mir als zu Florent waren. Ich hatte ein kurzes, rotes Kleid an und einen auf kleines Mädchen gemacht. Sie redeten mit mir wie mit einem Kind. Als ich die Fingerabdrücke abgeben musste, sagte der Kiberer: «Das machst du jetzt wie im Micky-Maus-Heft, ist ganz einfach.» Als Florent nach einem Glas Wasser fragte, sagten sie ihm: «Hoit de Goschn. Du host grod ans kriagt, wüst mi vaoaschn, oda wos?» Der Amtsarzt notierte unseren Alkoholkonsum, dann durften wir schlafen. Als sie die Tür versperrten, realisierte ich zum ersten Mal im Leben die Macht der Staatsgewalt. Es darf einen also irgendein Vollidiot einfach einsperren, nur weil er zwei Jahre auf der Polizeischule war. Man darf nicht mehr hingehen, wo man will. Die Freiheit ist einfach weg. Die Erkenntnis über die Gewalt von Haft traf mich. Ich schlief aber erstaunlich gut in der kahlen Zelle, besser als seit Tagen. Ich träumte von kleinen Zebras auf grünen Wiesen.

Am Morgen wurden wir aus den Zellen geführt. Ich sah Florent endlich wieder. Da wir beide keine Ausweise mithatten, brachten die Polizisten mich nach Hause. Meine Mutter war Gott sei Dank in der Arbeit. Als sie die Herzchen vor meiner Haustür sahen, fragten sie mich: «Hamma vielleicht an Verehrer?» Mein Bauch kribbelte vor Glück. Ich kramte im chaotischen Zimmer nach meinem Pass. Die Polizisten untersuchten währenddessen den Raum nach Diebesgut. «Suachst vielleicht des do?», fragte einer von ihnen und deutete auf meinen Reisepass, der in einer Ecke am Boden lag. Ich fragte die Kiberer, ob ich mir noch die Zähne putzen dürfe. Das durfte ich. Ich stand vorm Badezimmerspiegel, putzte minutenlang und sah hinter mir im Spiegel die ungeduldigen Gesichter der Kiberer an. Ich musste lachen, die Situation war zu absurd, und verschluckte mich. «Gemma!», sagte der Polizist. Wir fuhren wieder zurück zur Polizeistation. Florent und ich wurden getrennt voneinander verhört und erzählten offenbar dieselbe Geschichte. Dass wir nur besoffen auf der Baustelle gewesen wären. Den Schweinepolster hätten wir da gefunden, und die Bademäntel hatten wir schon vorher an. Florent meinte, er könne wegen seines Autounfalls im letzten Jahr auch gar keinen Zaun hochklettern. Er hatte sogar eine Bescheinigung für die Beeinträchtigung. Er musste vor den Polizisten auf und ab gehen und humpelte dabei theatralisch. Wir wurden wieder in unsere Zellen gesteckt. Da wir unbescholten waren, gingen unsere Geschichten durch. Uns wurden 30 Stunden Strafarbeit verordnet. Wir sollten zu «Neustart» gehen, einer Institution für Resozialisierung. Dann durften wir endlich raus. Vor der Station fielen Florent und ich uns in die Arme. Wir riefen «Freiheit», knutschten und riefen Michi an. Er war natürlich einfach nach Hause spaziert und hatte sich schon um uns gesorgt. Am Abend beschlossen Florent und ich, dass wir nun offiziell zusammen wären. Eine Woche später fand ich ein Taschenbuch in meinem Rucksack: «The strange history of Bonnie and Clyde».

Das Logo von «Neustart» war rosa, in einem Büro wartete eine nette Sozialarbeiterin mit einem Nasenpiercing. Sie stellte keine Fragen zur Straftat, sondern erkundigte sich nach meiner Ausbildung, meinen Interessen, meinen Zukunftswünschen. Ich sagte ihr, dass ich gerne zeichne und generell künstlerisch interessiert war. «Dann würde für dich vielleicht eine Arbeit im Kunst- und Kulturbereich in Frage kommen.» Wow, noch nie hatte ich so ein gutes Jobangebot bekommen. Sie fragte, wo ich wohnte, und blätterte in der Mappe. «Es gibt da so eine Galerie, ‹Wolkenschiff›, mit einem Atelier. Da nehmen Leute mit psychischen Erkrankungen an künstlerischen Kursen teil, können malen, und es gibt immer wieder Ausstellungen. Würde dich das interessieren?» – «Ja, das klingt super, das würd ich urgerne machen.»

Florent sollte Suppe an Obdachlose ausschenken. Wir waren beide begeistert von unseren neuen Tätigkeiten. Kriminalität lohnte sich. Am nächsten Tag ging ich zum ersten Mal ins Atelier Wolkenschiff. Ein älterer polnischer Künstler leitete die Galerie. Er stellte mir die Leute vor, die im Atelier saßen und malten. Ein junges, punkiges Mädel mit rotem Lippenstift malte gerade an einer dämonischen Szene mit Öl. Ich kannte sie vom Ausgehen und wusste, dass sie Stella hieß. Auch sie erkannte mich, und wir begrüßten uns. Sonst standen da ein paar ältere Männer und pinselten an ihren Leinwänden. Immer wieder kam jemand bei der Türe herein. Es war wohl eher ein Ort für Leute, die am Weg der

Heilung waren. Pawel, so hieß der Leiter, schien noch nachdenken zu müssen, was es hier überhaupt für mich zu tun gab. Die Atmosphäre war wie in Michis Wohnung, nur mit mehr künstlerischen Materialien. Stella gesellte sich zu mir, um eine zu rauchen. Sie erzählte, dass sie bei einer Portugalreise letztes Jahr zu viel LSD genommen habe. Daraufhin war sie tagelang ohne Schuhe durch die Stadt geirrt, bis ihre Freunde sie auflasen. Jetzt, nach fünf Monaten Psychiatrie, ging es ihr langsam besser. Sie wirkte ein bisschen sediert. Sie höre zwar immer noch Stimmen, aber die wären jetzt viel leiser und einfacher zu ignorieren. In einem Monat wollte sie sich an der Akademie der Bildenden Künste für Malerei bewerben. An der Mappe arbeitete sie gerade. Sie erzählte mir, dass man für eine Bewerbung keine Matura brauche. Pawel kam zurück und meinte, ich solle der Putzfrau zur Hand gehen. Ich nahm einen Schwamm und machte mich ans Werk, hatte aber das Gefühl, der versierten Frau eher im Weg zu stehen. Sie war nett, aber irgendwann gab sie mir eine Zigarette und sagte «sitz, sitz». Wir rauchten gemeinsam eine in der Küche. Man durfte überall rauchen. Als ich ihr weiter helfen wollte, sagte sie nur: «Bleib, bleib. Sitz. Ich mach schon.» Mein Gefühl war richtig, ich war motorisch noch nie besonders schnell. Sie wollte mich loswerden. Ich saß ratlos herum und trank Kaffee. Ein Mann setzte sich zu mir, äußerlich unauffällig, schwarze Haare und Schnurrbart. Ich sagte: «Hallo, ich bin die Steffi, ich arbeite jetzt hier, wer bist du?» Er sprang abrupt auf und rief: «Ich bin der, der sich jetzt einen Kaffee holt!» Dann verschwand er in der Küche. Mit seinem Kaffee setzte er sich wieder zu mir und zündete sich eine Zigarette an. Sein Name war Gerald. Er fing gleich an zu erzählen: «In deinem Alter is meine Krankheit ausgebrochen. Da hab ich im Disneyland Paris gearbeitet und bin herumgerannt wie ein Wahnsinniger. Aber red ma doch über was anderes, red ma nicht immer übers Kranksein.» Einer der Maler, ein Typ um die 60, der wirklich aussah wie ein Maler mit einem grauen Pferdeschwanz, einem Barett und einer Latzhose, sagte, ohne sich umzudrehen: «Wir wissen doch eh, dass wir alle krank sind!» Und ein kleiner, dünner, sehr versoffen und verwahrlost wirkender Typ in einer Ecke, den ich bis jetzt übersehen hatte, schrie aggressiv: «WIR SITZEN OLLE IN DA SCHEISSE!» Die anderen redeten beruhigend auf ihn ein, und Gerald flüsterte mir zu: «Das ist der Fritz, da musst ein bissl aufpassen, der rastet immer wieder aus. Eigentlich haben sie ihn schon ein paarmal rausgehaut, aber sie geben ihm immer wieder eine Chance.» Pawel kam wieder in den Raum, er hatte Hammer und Nägel mit und sagte, ich solle ihm helfen, Bilder aufzuhängen. Er hielt die Wasserwaage, und ich machte mich ungeschickt ans Werk. Wieder hatte ich das Gefühl, die Arbeit massiv zu verlangsamen. Ich traf den Nagel nur jedes fünfte Mal. Nach drei Stunden durfte ich gehen. Zwei Stunden davon war ich nur herumgesessen. Pawel unterschrieb meine Neustartunterlagen. Ich hatte nur noch 27 Stunden abzuarbeiten. Das war der beste Job, den ich je hatte.

Pawel ließ mich die meiste Zeit sitzen, zeichnen und Kaffee trinken. Dabei unterhielt ich mich mit den Künstlerinnen. Sie waren talentiert und traurig. Eine Frau mit langen grauen Haaren war eine akademische Malerin. Nicht die einzige im Atelier. Sie erzählte, dass sie in den 70ern in New York gelebt hatte und mit Lou Reed abgehangen war. Sie schaute meine Zeichnungen an und meinte, ich solle mich damit an der Akademie der Bildenden Künste bewerben. «Das hat alles sehr viel Humor», sagte sie ehrlich interessiert, und ich freute mich. Pawel hatte mittlerweile eine Idee, wie er mich beschäftigen könnte. Alle zwei Wochen gab es im Galerieraum eine Vernissage. Da kamen Leute aus dem Sozialbereich, Angehörige der KünstlerInnen, PolitikerInnen und Leute aus der Kunst- und Kulturszene. Ich sollte Brötchen streichen und Wein ausschenken. Über den Nachmittag schmierte ich Hunderte Brötchen mit Hummus, Baba Ganoush und Taramosalata. Alles frisch vom angrenzenden Naschmarkt. Beim Verzieren gab ich mir Mühe, das konnte ich zumindest. Mit Petersilie, Oliven und Paprika machte ich kleine Gesichter auf die Brote. Ich informierte meine Freunde über die Veranstaltung. Viele kamen vorbei, denn die Brötchen und die Getränke waren gratis. Ich stand hinter der Bar und sollte Wein ausschenken. Unbeholfen füllte ich die Gläser bis zum Anschlag. Pawel nahm mir irgendwann die Arbeit ab, weil ich so langsam war und viel zu viel einschenkte. Am meisten mir selbst. Meine Lippen waren da schon ganz blau vom Rotwein. Wenigstens hatte ich Hunderte Brote gestrichen. Wir betranken uns mit den Künstlerinnen. Florent kaufte ein Bild. Es hieß «Gummizelle» und kostete 150 Euro. Florent war der Einzige in meinem Umfeld mit einem richtigen Einkommen. Er hatte jetzt auch wieder ein richtiges WG-Zimmer. Ich erzählte ihm, dass eine Künstlerin gesagt hatte, ich solle mich an der Akademie bewerben. Florent befeuerte diese Idee. «Ja klar, mach das doch.» Auch Michi stimmte mit ein: «Das würde dir sehr gut stehen, Steffi. Ich mein, du musst sowieso Künstlerin werden. Was willstn sonst machen?» Mir gefiel die Idee, auch wenn ich den Termin in den laufenden Wochen fast wieder vergaß.

Ich zog mit Florent glücklich durch die Nächte. Er liebte Technopartys, die bis in den nächsten Vormittag hinein dauerten. Clubs und Elektronisches waren zwar nie meins, aber mit ihm machte es Spaß. Gemeinsam begaben wir uns auf Abenteuer. Florent hatte immer tolle Ideen. Wir stoppten Auto nach Tschechien oder befuhren mit einem Schlauchboot den Donaukanal, wir bastelten uns gegenseitig aufwendige Liebesbriefe. Eines Morgens landeten wir bei einem Typen namens Philipp in einer Wohnung am Stadtrand. Er war wohl Ende zwanzig, hatte einen naiven Blick und blonde Haare. Er machte den Eindruck, als wäre er ein bisschen hängengeblieben, redete hastig und brach seine Sätze oft unvermittelt ab. Die Wohnung teilte er mit einem älteren Mann namens Alfred. Gemeinsam tranken wir noch ein After-Hour-Bier. Als Florent und ich aus der Küche zurückkamen, wo wir nach Essbarem gesucht hatten, saß Alfred auf Philipp. Er hielt ihn an den Armen fest, hatte seine Zunge weit ausgestreckt und versuchte ungestüm, ihn zu küssen. Philipp wehrte sich und schrie: «Alfred, du weißt, dass ich das nicht will. Lass das!» Wir halfen den beiden auseinander. Philipp bat uns, noch ein bisschen zu bleiben, aber wir verließen die Wohnung. Ich wollte nach Hause. Es war eine triste Gegend von Wien, nicht arm, auch nicht reich, einfach nur öde und leer. Dazwischen die Wohnung mit diesem seltsamen Paar. Florent hatte natürlich die Telefonnummer von Philipp. Von Typen wie Philipp wollte er sofort die Nummer.

Er lud Philipp ein, mit uns in den Burggarten zu kommen. Einfach am Nachmittag in der Sonne sitzen. Irgendetwas stimmte nicht ganz mit ihm. Es war nicht nur der Rausch. Auch jetzt, wo wir nur Limonade tranken und in die Sonne schauten, redete er rasend schnell und wiederholte ständig dieselben Aussagen. Er sprach über die Afterparty in seiner und Alfreds Wohnung: «Es war super mit euch, voll nett, total cool, urlieb, urschön, voll gut, ganz fein, so toll.» Er wirkte verloren mit seinen riesigen, blauen Augen.

Das Seltsame war aber, dass er eben nicht einfach ein verlorener Freak in den Nächten der Stadt war. Er fuhr einen BMW, trug eine teure Uhr und leitete eine Firma, die irgendwas im Tiergarten Schönbrunn machte. Weil wir Philipp kannten, bekamen wir Gratistickets für den Zoo und eine exklusive Affenführung. Danach besuchten wir ihn in seinem Büro, wo er mit seinem verlorenen Blick hinter einem Schreibtisch saß. Das passte alles nicht zusammen. Philipp mochte Florent und mich und sagte es uns ständig: «Ich mag euch voll gern, sehr, ich hab euch lieb, ihr seid nett, leiwand, wirklich liab, find euch gut.»

Er lud uns zu einer Geburtstagsparty in diesem tristen Außenbezirk Liesing und bat Florent, ein bisschen Techno aufzulegen. Wir waren einverstanden, Philipp holte uns ab. Auf der Rückbank des Autos lagen Broschüren vom Zoo. Philipp parkte vor einem modernen Einfamilienhaus. Es war gepflegt und verglast. Wir hatten mit verstrahlten Techno-Freaks gerechnet, die um ein Lagerfeuer saßen, aber wir waren auf der Feier zum 45. Geburtstag von Karin, einer Psychotherapeutin, gelandet, die hier mit ihrer Familie lebte. Die Feier hatte schon am Nachmittag angefangen. Im Garten spielten einige Kinder Fangen. Überall waren Luftballons. Sie stellte uns ihren Mann vor. Dieser trug ein Sakko und ein weißes Hemd und stellte sich als «Thomas» vor. Es gab ein Buffet, Lampions und Sekt aus Gläsern. Die Gäste waren alle schick angezogen, eine Gartenparty aus einem Möbelhauskatalog. Philipp hatte Turntables besorgt, und Florent machte sich daran, seine Platten herzurichten. Ich fühlte mich deplatziert. Etwas abseits fragten wir Philipp verwundert, was für einen Hintergrund diese Freundschaft zu Karin hätte. Er erzählte uns, dass sie früher mal seine Therapeutin gewesen war, jetzt sei er ihr heimlicher Geliebter. So erschien die Situation in einem ganz neuen Licht. Während sie vorher die perfekte Vorstadtidylle ausgestrahlt hatte, war es plötzlich gewohnt grotesk. Karin war sehr hübsch und charmant, ihr Lachen wirkte aber angesichts der neuen Informationen dubios. Die Eltern mit Kindern verschwanden langsam, und die Party verlagerte sich ins Innere des Hauses. Die Musik wurde lauter, und ein paar Leute tanzten. «Das schaut aus wie eine After-Work-Party», sagte ich zu Florent. Alle Männer trugen Sakko, die Frauen Cocktailkleider, man hielt seinen Drink umklammert und tratschte. Ich stand neben Florent hinterm DJ-Pult, trank eine Flasche Bier und staunte. Philipp sagte, wir könnten auf der Terrasse rauchen gehen, wenn wir möchten. Wir begleiteten ihn. Um dort hinzugelangen, musste man durch ein Kinderzimmer. Ein freundliches, kleines Zimmer. An der Wand hingen Bilder von Dinosauriern. Karin kam uns nach, sie lehnte die Kinderzimmertür an, damit wir auf der Terrasse nicht gesehen wurden.

Sobald sie bei uns war, fiel sie über Philipp her. Die beiden küssten sich leidenschaftlich. Als die Kinderzimmertür geöffnet wurde, gingen sie schnell auseinander. Karins Sohn fragte, ob er Computer spielen dürfe. Sie erlaubte es ihm. Dann wischte sie sich den Lippenstift zurecht und ging wieder raus zur Party. Das Ganze wiederholte sich mehrere Male. Dazwischen wurde eine Torte gebracht, und alle sangen «Happy Birthday». Später kam sie wieder auf einen heißen Schmuser. Florent und ich standen neben ihnen, als Karin Philipps junges Gesicht zwischen ihre Hände nahm und «Ich liebe dich» sagte. Sie wirkte nicht älter als er, sie hatte etwas sehr Mädchenhaftes. Als die beiden schließlich gingen, stellte Florent das Szenario mit mir nach. Als Philipp wieder zurückkam, sagte er aufgeregt: «Sie ist schön, so hübsch, so lieb, so toll, so geil, so süß, so nett.» Dabei strich er sich die blonden Strähnen seiner halblangen Haare aus dem Gesicht. Gegen zwei Uhr früh brachte er uns mit seinem BMW in die Stadt. Bald verloren wir den Kontakt zu ihm. Doch wenn ich im Tiergarten bin, fällt mir diese Nacht wieder ein.

Ein paar Nächte später krachten Rainer, Michi, Florent und ich durch die Gassen. Florent verstand sich sehr gut mit Rainer. Er stellte ihn überall als seinen «Manager» vor. Wir hatten den blonden Herbert im Gepäck und waren gerade aus zwei Lokalen geflogen. Herbert hatte die Toilettenräume überschwemmt. Er liebte laufendes Wasser. Wir gingen gerade die Rahlgasse hinunter und wollten gemeinsam noch ins Vekks, ein linkes, selbstverwaltetes Vereinslokal. Dort waren sie toleranter. Da knickte Michi der Fuß ein. Er hielt die Gruppe auf. «Leute, wartets. Ich kann nicht gehen.»

«Wie, du kannst nicht gehen?»

«Mein rechter Fuß. Ich kann ihn nicht bewegen.»

«Tut's weh?»

«Nein, eigentlich nicht.» Wir stützten Michi, und er schleifte seinen Fuß nach. Wir dachten uns da noch nicht viel dabei, doch es wurde nicht besser. Nach kurzer Diskussion rief Florent die Rettung. Michi wurde ins Krankenhaus gebracht, Wochen der Untersuchung folgten. Zuerst hatte man einen Schlaganfall in Verdacht, später Creutzfeld-Jakob, dann hieß es einfach, er hätte einen seltenen Virus namens PML. Er bekam phasenweise so starke Medikamente, dass er nicht ansprechbar war. Wenn wir es doch versuchten, schimpfte er wie im Delirium: «Verpisst euch! Verpisst euch, ihr Teufel.» Wir rechneten schon damit, dass Michi sterben würde. Als die Behandlungen aufhörten, verbesserte sich sein Zustand wieder. Er war bei klarem Verstand und schelmisch wie immer. Wir besuchten ihn abwechselnd, und nach zwei Wochen durfte er wieder raus. Sein Bein war jedoch nicht besser geworden. Ab diesem Tag saß Michi im Rollstuhl.

Ich bewarb mich zur selben Zeit an der Akademie der Bildenden Künste. Am letzten dafür möglichen Tag riss ich alle Zeichnungen aus meinen Schulheften und packte alle bekritzelten Zettel aus der Galerie Wolkenschiff zusammen. Ich hatte nur noch eine knappe Stunde Zeit. Die wilde Zettelwirtschaft sammelte ich in einem Plastiksackerl vom Billa. Das Sackerl verschloss ich mit Klebeband. Mit einem dicken Edding schrieb ich «KUNST» auf das Paket, das fand ich lustig. Dann fuhr ich zur Akademie. Es war fünf Minuten vor Abgabeschluss, als ich ankam, und ich hetzte die Treppen in den letzten Stock rauf, wo man sich anmelden musste. Ich bekam die allerletzte Nummer. 642, danach sperrten sie zu. Ich hatte es geschafft. Zwei Wochen später hingen vor der Universität die Listen, auf denen die Namen der angenommenen StudentInnen standen. Ich fand Stellas Namen darauf und einige Zeilen weiter auch meinen. Ich war jetzt offiziell Studentin.

Es wurde deutlich, dass Michi nicht mehr aus dem Rollstuhl kommen würde, und so wechselte er in den folgenden Jahren ein paarmal die Wohnung. Er lebte kurz in einem trostlosen Invalidenheim, war länger im Krankenhaus und schließlich in einer Eigentumswohnung seiner Familie in Meidling ohne Aufzug. Das war aber auch keine Lösung. Überall besuchten wir ihn. Michi erlitt andere Lähmungserscheinungen, dann stagnierte sein Zustand über Jahre und verschlechterte sich nicht. Seine letzten Lebensjahre verbrachte er in einem jüdischen Altersheim, einem hohen Gebäude mit mehreren Stöcken, das direkt an der Donau lag. In den unteren Stockwerken waren Pflegestationen für die alten JüdInnen. In den obersten Stöcken wurden auch Wohnungen an Menschen vermietet, die nicht unbedingt jüdisch oder alt waren. Michi bewohnte eine Zweizimmerwohnung und überblickte durch eine Glasfront die Donau und einen Skatepark. Er hatte die Wohnung über Ernstl bekommen, der nun sein Nachbar war. Seit Michi im Rollstuhl saß, tänzelte er nicht mehr, sondern residierte eher. Er konnte seine

Beine und seinen linken Arm nicht mehr bewegen, was ihm aber nichts von seiner Lässigkeit nahm, im Gegenteil. Mit seinem rechten Arm rauchte er seine Zigaretten schwungvoll wie immer und wirkte über den Dingen stehend. Er trank schon lange kein Bier mehr. Das lag auch daran, dass der Klogang nicht mehr so einfach war. Wenn wir mit ihm ausgingen, hoben wir ihn gemeinsam über die Muschel, und mit seiner noch beweglichen Hand hielt er seinen Penis zum Schiffen. Er machte das Beste aus der Situation und war meistens hervorragend gelaunt. Solang ich ihn kannte, hatte er nie einen Computer gehabt. Jetzt besaß er einen Laptop, den ihm einer seiner Brüder geschenkt hatte. Er saß nach kurzer Zeit schon versiert davor, benutzte Facebook und hörte sich die Kreisler-Lieder über YouTube an. Er postete Texte wie: «nicht nur, daß ich an den rollstuhl gefesselt bin, auch mein gesamter freundeskreis treibt gehirngefesselt in abtrünnigen gewässern, und vermeint sich ohne die spur eines vernünftigen arguments weiterhin hartnäckig im recht des sehenden; lässig nach dem motto: was ich nicht sehe, kann auch nicht sein – glaubts ihr irregeleiteten denn wirklich nur euren trüben äuglein.» Während seine Lage oberflächlich gesehen traurig schien, so war er besser drauf denn je. Seine neue Position im Rollstuhl kam seiner Kontaktfreudigkeit zugute. Er genoss es, dass sich um ihn gekümmert wurde, und ließ sich gerne von Leuten, die ihm gefielen, aus der U-Bahn schieben, auch wenn er alleine rausfahren konnte. Wenn wir ihn besuchen kamen, besorgte er uns koscheren Rotwein aus der Großküche. Zu Feiertagen wie Pessach nahm er an den Mahlzeiten teil, und wir durften ihn begleiten. Dann folgten wir der streng ritualisierten Speisenabfolge, hörten bei den Gesängen zu und kosteten gefillte Fisch. Wir besuchten ihn nach wie vor regelmäßig: Samuel, Konsti, Jack, Moritz, Sarah, Sarahs kleine Schwester Lisa, Doro, Irmi, Johanna, Peter und ich. Sarah und Moritz hatten mittlerweile ein Baby miteinander (und bekamen später noch eins). Auch Florent schaute vorbei. Wir waren nicht mehr zusammen. Unsere Liebe hatte sechs Jahre gehalten. Mittlerweile hatte er ein Kind mit einer anderen Frau, und auch ich hatte mich neu verliebt. Konsti schleppte Michi oft im Rollstuhl zu Partys und in Wohnungen, mit vereinten Kräften hoben wir ihn dann über jedes Hindernis. Irgendwann wurde es ihm aber zu mühsam, und er blieb lieber im Heim. Untertags sauste er noch alleine mit seinem elektrischen Rollstuhl in der Stadt umher. So, wie er früher ohne zu schauen über die Straße gegangen war und davon ausging, dass alle Fahrzeuge einfach stehen bleiben würden, fuhr er jetzt oft unvermittelt in rasendem Tempo auf die Fahrbahn. Manchmal setzte sich dabei jemand auf seinen Schoß. In seinem Zimmer hing immer noch das bunte Plakat an der Wand, das wir ihm zum 40. Geburtstag gemalt hatten. Im Heim polarisierte Michi. Die Zivildiener des Altenheims kamen jedoch gerne auf einen Drink vorbei. Auch Rahel, eine 90-jährige Künstlerin, besuchte ihn oft. Dann drehte ihr Michi einen Joint. Rahels Kinder, die in Michi einen schlechten Einfluss für ihre alte Mutter sahen, ärgerten sich darüber. Josef, ein 95-jähriger Holocaustüberlebender, trank bei Michi gerne ein Glas Wein, sie redeten über Josef Roth und begannen nach dem zweiten Glas, jiddische Lieder zu singen. Die Versorgung mit Mahlzeiten war in Michis Vertrag zwar nicht inkludiert, aber alle Besucher brachten etwas mit, wenn sie kamen, Naschereien oder Zigaretten. Frau Rosa Stein, eine Heiminsassin, die sich selbst als Sozialistin vorgestellt hatte, brachte Michi regelmäßig ihr übriggebliebenes Abendessen und blieb zum Plaudern. Sie war nicht die Einzige. In der Küche stapelten sich verpackte Suppen, Schnitzel und Salate, die uns Michi bei unseren Besuchen anbot. «Magst du ein Supperl, Steffi? Die kochen hier so gut. Vom Feinsten.» Die meisten von uns waren mittellos und schlugen gerne zu. Das Erstaunlichste an seinem Leben im Altenheim war, dass Michi plötzlich gläubig wurde. In seinem Bett, sagte er, war ihm eines Nachts Gott erschienen. Es war die Nacht, in der er seinen ersten epileptischen Anfall hatte. Er erzählte uns seitdem vom Schöpfer und war besessen von einer Zahlenmystik, die er selbst entwickelt hatte. Er errechnete die Quersumme der Buchstaben unserer Namen und verglich sie mit den Quersummen anderer Wörter. Diese subtrahierte er voneinander, und irgendwie kam am Ende immer GOTT raus. Beim Rechnen wurde er mit der Zeit obsessiver, überall lagen Zettel mit Zahlen. Der Hausrabbi, Rabbi Jakov, mochte Michi. Sie führten Gespräche über Michis neugewonnene Spiritualität, und Rabbi Jakov versuchte, Michis Zahlenwahnsinn kabbalistisch zu interpretieren. Am Sabbat trug Michi Kippa und saß unter den 30 Jahre älteren Menschen lächelnd im Speisesaal. Ein neuer Gast in seiner Wohnung war ein Taxifahrer, der Michi mal nach Hause brachte und den Michi geschickt für sich vereinnahmt hatte. Ein lieber Kerl namens Karl. Karl trug immer eine schwarze Latexhose und eine Chauffeursmütze. Wieder hatte Michi sein Talent unter Beweis gestellt, seltsame, aber fürsorgliche Vögel aufzugabeln. Ein anderer Gast, der plötzlich da war, war Tibor, ein ungarischer Bauarbeiter, der viel Schnaps trank, was sich aber kaum unangenehm äußerte. Er blieb ruhig und spielte gerne Gitarre. Er suchte immer Arbeit, und wir vermittelten ihn an unser Umfeld. Florent ließ sich von ihm das Bad fliesen, Konstis Mutter das Wohnzimmer ausmalen, und bei Sarahs Mutter gab es etwas zu gärtnern. Manchmal verschwand Tibor im Suff ein paar Tage mit dem Wohnungsschlüssel seiner Auftraggeber. Er tauchte aber immer wieder auf und brachte die Arbeit zu Ende. Diese Aussetzer musste man einfach einkalkulieren. Als er aus Florents Wohnung unangekündigt verschwand, fand Florent ihn Tage später auf der Straße. Er trug Florents Punkerjacke und schlief betrunken auf einer Parkbank. Er war immer freundlich und wirkte immer bedrückt, wie jemand, der sich am liebsten ununterbrochen für die eigene Existenz entschuldigen würde. Aber im Heim gab es auch Leute, die sich von Michi provoziert fühlten. Eine alte Dame schaute ihn immer sehr missmutig an.

Frau Grün ließ ihm über einen Zivildiener ausrichten: «Noch nie hat mich ein Mensch so beleidigt.» Auch die Heimleitung stand Michi und dem geselligen Treiben in seiner Wohnung skeptisch gegenüber. Michi deutete während des Pessachfests auf eine Leiterin und sagte: «Die kann mich gar nicht leiden.»

Florent fragte: «Warum denn?»

Und Michi sagte mit der Kippa auf dem Kopf: «Na, weil ich glücklich bin.»

Michi starb im Dezember 2014 an einem mehrfachen Schlaganfall. Eine Freundin fand ihn tot in seinem Bett. Wir hätten ihm zugetraut, dass er mit seinem Witz den Tod noch ewig überlistet. Zu seiner Beerdigung sangen Sarah, Doro, Moritz, Konsti und Bronek ein Lied von Georg Kreisler:

Das Beste

Das Beste ist, ich weiß nicht, ob ich tot bin
Das Leben scheint mir jedenfalls sehr lange her
Ich glaub', dass ich in irgendeinem Boot bin
Und wenn ich's lenke, lachen alle sehr
Am Horizont sind traumhaft schöne Feste
Ich bin allein und habe kein Gewicht
Und wie gesagt, ich finde es das Beste
Dass ich nicht weiß, ob ich schon tot bin oder nicht

Die Welt ist weit, viel weiter, als ich geh'n kann
Der Himmel nah und außerdem besonders blau
Ich glaube kaum, dass irgendwas gescheh'n kann –
Was schon geschah, war auch nicht sehr genau

Zur Erinnerung an Michi (1963–2014)

Weitere Titel von Stefanie Sargnagel

Statusmeldungen

Extreme Postkarten